JN207834

広島修道大学学術選書　72

地方私立大学の英語教育への挑戦

地域で活躍できるプロフェッショナル人材の育成を目指して

大澤真也・市川薫 ［編］

ひつじ書房

はじめに

　地方私立大学が置かれている現状は非常に厳しく、先行きも決して明るい
ものではない。少子化の波が押し寄せている中で、何か新しいものを打ち出
さなければ高校生に見向きもしてもらえなくなってしまうという危機感も強
い。手っ取り早いのは新学部・学科の設置だろうが、その効果は一過性のも
のに過ぎず、すぐに飽きられてしまう。

　いつの頃からか「実学志向」ということばがもてはやされるようになり、
大学で英語を専門分野として学べる学部学科の名称から「文（学）」という
ことばが消え、「国際」や「コミュニケーション」ということばが用いられ
るようになった。その中で広島修道大学の英語英文学科は 1973 年の設置当
時から名称の変更を行っていない。とは言え、時代の潮流を見極め、受験生
の学力やニーズを探りながら、カリキュラムの見直しを定期的に行ってき
た。その結果、現在のカリキュラムでは「コミュニケーション」や「スキ
ル」を主眼とした科目が数多く並んでいる。一方で大学において英語を学ぶ
以上は専門性を高めることが重要であることを認識しており、少人数で行う
ゼミナールおよびゼミナールと連動する講義科目では英米文学や英語学など
を深く学び、4 年間の集大成として卒業研究を課すという方針は維持してい
る。

　筆者は大学学部生の時、文学部の英語学英文学専攻に在籍していたが、当
時の授業の多くは辞書と格闘しつついわゆる古典とよばれる文学作品を「訳
読」していくというものであった。その後、大学院に進学し専門分野を英語
教育学に変更したが、そこでの授業の多くは訳を行わなかったので、英文和
訳という授業スタイルに慣れていた筆者は衝撃を受けたのを覚えている。ど
ちらの授業スタイルにも長所や短所があるため一概には言えないが、「安易
に和訳だけをさせる授業は悪」だと思っている一方で、訳読を効果的に用い

るのは良いことだとも思っている。そのため、広島修道大学の英語英文学科では「コミュニケーション」や「スキル」に焦点を当てた授業が多くある一方で、訳読を行う授業も効果的に配置している。

　高校生の多くにとって、英語を学ぶ目的は「文学作品を訳読を通して解釈する」ことではなく「英語でコミュニケーションする」ことであろう。このような高校生のニーズを探り「受験生に受けの良い」学部・学科づくりをすることも大切なのかもしれない。しかし、筆者らは研究者であると同時に教育者であることを忘れてはいけない。高校生のニーズを汲み取りつつ、大局を見極め「どのように学生を育てたいか」を考えなければいけないのではないか。「最近の学生はダメだ」と嘆いて終わるのではなく、「最近の学生のどこが良くなくて、それを変えるにはどうすれば良いか」を考えなければいけないのではないか。そのような観点から筆者らが行ってきた教育実践が形になったのが本書である。

　本書ではまず第1、2章で、大学を取り巻く環境や広島修道大学人文学部英語英文学科の現況をまとめている。そして第3、4章では、2011年度から行ってきた学生の実態調査などの取り組みを紹介している。本書に出てくる様々なデータの中には生々しいものもあるが、これが現実である。現実を認識した上で、どのような教育を学生に提供できるかを考えなければいけない。2014年度からスタートした通訳・翻訳プログラムの概要および実践を第5〜8章で、2017年度にスタートした英語母語話者が担当する4学期制に対応した Active English という科目については第11章でまとめた。その他、教職課程における人材育成については第9章、2014年度にスタートした全学プログラムであるグローバルコースの成果は第10章で検証している。また新たな取り組みとして第12章では、英語で書かれた卒業研究論文をコーパス化したものを分析している。

　その他にもコラムとして、広島修道大学共通教育における英語カリキュラム、他大学における英語教育への取り組みを掲載している。また在学生や卒業生に行ったインタビューも掲載している。インタビューに協力してくれたのはみな筆者にとって印象深い教え子たちだが、紙幅の都合で本書に掲載で

きなかった学生たちが多数いることも申し添えておく。このような出会いは、教育に携わる者にとって、何にも代えがたい喜びである。

　以上、本書の趣旨と概要について述べてきた。本書で扱っている事例は筆者らが教育者そして研究者として、大学英語教育を良い方向に導こうと試行錯誤してきた泥臭い記録であって、決して成功事例ではない。そのため、今後も成果の検証をしつつ、定期的にカリキュラムの改訂をしていく必要がある。また最後に願望を込めて述べておきたい。それは、大学は共存をしていくべきであって、お互いにいがみ合い不毛な競い合いをすべきではない、ということである。あくまでも学生を育てることが大事なのであって、そのためにはそれぞれの大学が真剣に「育てたい学生像」を議論して、特色のある教育カリキュラムを実践していかなければならない。そのような事例を蓄積し共有することで、それぞれの大学が主導権を持って教育改革を進めていくことを期待しているし、広島修道大学もまた、現状に満足せず常にオープンな議論を行い改革を進めていく大学でありたいと願っている。

2018 年 9 月 1 日
大澤真也

目次

はじめに　　iii

第1章　地域における広島修道大学人文学部英語英文学科の位置づけ

大澤真也　　1

第2章　広島修道大学人文学部英語英文学科の現況

水野和穂　　9

第3章　英語教育カリキュラムの改革に向けた取り組み

大澤真也・水野和穂　　31

コラム1　共通教育における新英語カリキュラム

福元広二　　47

第4章　英語英文学科1年生の英語学習に関する実態調査

中西大輔・大澤真也　　51

在学生インタビュー　　83

第5章　開かれた通訳訓練

石塚浩之　　93

第6章　「翻訳入門」
　　　―基礎訓練と応用の実践例

石井善洋　　119

第7章　「文芸翻訳演習」の可能性を探る
　　　―2年間の実践例を通して

市川薫　　135

第8章　「翻訳研究I（英日ビジネス翻訳）」・「英語研究
　　　特講（日英ビジネス翻訳）」実践について

高橋洋之・岸本晃治　　149

コラム2　神田外語大学　通訳・翻訳課程の取り組み

柴原智幸　　169

第9章　教職課程における人材育成
　　　―英語科教育共同体の形成

戸出朋子　　175

第10章　グローバルコースにおける人材育成

竹井光子・中西大輔・大澤真也　　193

卒業生インタビュー　　207

第 11 章　Curriculum Development: Active English for
　　　　1ˢᵗ Year University Students

Jim Ronald　　215

第 12 章　Vocabulary Profiling the University Graduation
　　　　Theses of Japanese Learners of English

Keith Barrs　　233

コラム 3　北海学園大学人文学部英米文化学科の取り組み

田中洋也　　255

あとがき　263
執筆者紹介　265

第 1 章

地域における広島修道大学人文学部英語英文学科の位置づけ

大澤真也

1.1 大学を取り巻く状況

「平成 29 年度学校基本調査」によれば、現在日本国内には国立 86、公立 90、私立 604 の計 780 の大学が設置されており、私立大学が占める割合は 77.4%である。1989 年（平成元年）の調査では国立 96、公立 39、私立 364 の計 499 という大学数であったことから、約 30 年を経て多くの公立および私立大学が設置されてきたことがよくわかる。一方で大学および短期大学への進学率はここ数年伸び悩んでいる。「文部科学統計要覧（平成 29 年版)」によれば 2016 年の進学率は過去最高を記録したものの 56.8%という結果であった。専修学校を含む高等教育機関への進学率はすでに 80%に達しており、今後これ以上進学率が上がる可能性は低いと言わざるを得ない。文部科学省の資料をもとに作成された内閣府の基本計画専門調査会の資料（平成 26 年 12 月 4 日）をはじめとして、18 歳人口および大学および短大の収容力（大学・短大入学者数÷大学・短大志願者数）が話題にされることも多い。すでに日本国内の大学の収容力が 90%を超えていることから、進学を希望すれば入学できる「大学全入」と呼んだり、18 歳人口の減少期に入る 2018 年を「2018 年問題」と呼んだりすることもある。

1.2 私立大学の現況

私立大学の状況については、日本私立学校振興・共済事業団私学経営情報センターが毎年行なっている調査が詳しい。「平成 29（2017）年度私立大学・

短期大学等入学志願動向」を見ると、2017年の全国私立大学入学定員充足率（入学者÷入学定員）は104.61％と、入学定員以上の学生を受け入れている。特に関東や関西の大都市圏あるいは愛知県や福岡県は100％を超える入学定員充足率である一方、地方では100％を切るなど苦戦している状況が見てとれる。たとえば広島を除く中国地方は94.39％の定員充足率であり、広島県に限定しても96.64％である。広島修道大学のある広島県には現在国立1、公立4、私立大学15の計20校の大学が設置されているが、定員充足率が100％に達していないということは、広島県内には入学定員に達していないいわゆる「定員割れ」している大学があるということを意味している。旺文社教育情報センターによる「29年度私立大・短大入学状況」レポートによれば、2017年に入学定員割れになっている大学は全国で229校にのぼり全私立大学の39.4％にも及ぶ。

　「定員割れ」の是非はともかくとして、外部から見ると「定員割れ＝募集力の低い魅力のない大学」というイメージでとらえられてしまう恐れがある。また入試における競争力がないことによる定員割れの場合には、それと連動していわゆる「偏差値」が低下してしまう懸念も捨てきれない。河合塾は各大学の入試難易度を公開しているが、ここでは「合格ラインが50％に分かれるライン」をボーダーラインとして設定している。たとえば入試難易度が40に設定されていた場合、偏差値40の受験者のうち半分は合格し半分は不合格であるというラインである。そして「不合格者が少ないため合格率50％となる偏差値帯が存在しない」場合には、「ボーダー・フリー（BF）」という名称を与えられる。巷でいう「Fラン（ク）の大学」ということばもこれに由来するものであり、この響きの悪さから何とかBFと判定されないように努力する大学が多いのも事実である。このように偏差値がすべてではないと強がりつつも、偏差値の変動に一喜一憂する大学関係者は多いのではないだろうか。

　このような状況の中で地方の私立大学は生き残りをかけた挑戦を続けている。しかしながら体力のある都市圏の大規模大学は、地方での入試説明会の開催や広報に積極的な投資を行い、地方出身者の囲い込みを図っている。リ

クルート進学総研による 2018 年 1 月号のマーケットリポートを見てみると、北海道、東京、愛知、福岡などのいわゆる都市圏では地元残留率が 6 割を超えている。一方で多くの地方都市においては県外に進学する人が多く、地元残留率が 2 割を切る県もある。このような状況を是正しようと国も動き出した。2014 年 12 月 27 日に閣議決定された「まち・ひと・しごと創生総合戦略」では「大都市圏、なかんずく東京圏への学生集中の現状に鑑み、大都市圏、なかんずく東京圏の大学等における入学定員超過の適正化について資源配分の在り方等」を検討するとあり、それに基づき 2015 年 7 月 10 日、文部科学省高等局は私立大学に入学定員超過時における補助金不交付および減額基準の変更を通知した。これにより、基準を超過してしまった場合には、大学への補助金が不交付になってしまう。この政策が地域の大学に及ぼす影響はまだわからないが、いわゆる都市圏にある大規模大学が入学定員を大幅に超えて合格者を出すという時代ではなくなっていくのは確かである。

1.3 広島修道大学の概要

　広島修道大学は、1725 年 11 月に広島藩 5 代藩主浅野吉長によって創始された藩校「講学所」を淵源とする大学である。その後、1960 年に広島商科大学として設立、1973 年に広島修道大学に校名を変更し、現在は 7 学部 13 学科、在籍学生数 6,000 名を越える私立総合大学である。「修道」という名前の響きからか、県外の人から「キリスト教系の大学ですよね？」と聞かれることが意外に多いが、全く関係ない。大学名の「修道」は、中国の古典『中庸』の「道を修めるこれを教えという」に由来するものである。この「道を修める」という建学の精神に基づき、「地球的視野を持って、地域社会の発展に貢献できる人材の養成」を理念とした教育を行なっている。特に地元経済界の強い要請により設立された大学であることから、広島県内を中心に地域に根付いて活躍する人材を数多く輩出している。

　生き残りをかける地方私立大学にとって、予備校やその他の教育企業によって公開される偏差値は頭が痛い問題である。偏差値がすべてではないとは言え、多くの受験生は偏差値をもとに大学選びをするため、偏差値が低け

れば見向きもしてもらえないからである。また一方で、大学のブランド力向上のための努力もしなければいけない。日経 BP コンサルティングは「大学ブランド・イメージ調査」を行なっており、「センスがいい、かっこいい」などの一般イメージ、「キャンパスに活気がある」などの大学ブランド・イメージ、「語学に長けている」などの学生ブランド・イメージおよび大学ブランド力を偏差値化してランキングを作成している。2017 年 8 月に行われた調査によれば、中・四国エリアでは 1 位岡山大学、2 位広島大学、3 位愛媛大学と国立大学が続き、広島修道大学は第 13 位である。このことから地方においてはいまだに国公立大学のイメージが高いと言えるだろう。上位 20 大学の中で私立大学は 8 大学のみであり、私立大学の数を考えれば苦戦していると言わざるをえない。

1.3.1 英語英文学科の現状

　人文学部英語英文学科は 1973 年に設置された学科であり現在男子 203 名、女子 321 名の計 524 名の学生を有している（2017 年 5 月 1 日時点）。筆者が広島修道大学に着任したのは 2002 年であるが、当時は入学試験における志願状況なども順調で、学内にはそれほどの危機感が漂っていなかった。その後、2008 年度入試ぐらいから志願者の減少が始まった。その傾向はさらに強まり 2010 年度入試以降志願者は減少し続けた。これは本学だけの問題ではなく女子志願者のいわゆる「実学志向」が背景にあるのかもしれない。今となっては英語英文学科在籍学生の女子比率は約 6 割であるが、当時は 8 割から 9 割ぐらいであり、特に女子高校生の「実学志向」の流れが英語英文学科への志願者減に与える影響は大きかったように思う。

　しかしながら当時の英語英文学科の動きは鈍かった。なぜなら英語英文学科はそれまで学内では優秀な学生が入学する学科として知られており、誰しもそれほどの危機感を抱いていなかったからである。そこで 2011 年度に学内ではじまった「教育成果指標の開発支援」事業予算に応募することから始めようと考えた。この事業への応募テーマは「地域が必要とする英語力育成のための教育成果指標開発」であり、この予算を利用して 3 年間種々の調

査を行なった（詳しくは第3章を参照のこと）。2012年度からは当時流行の兆しをみせていたfacebookを活用した広報もスタートさせた。その後、学内の別の予算を利用して2014年度から2016年度の3年間は「地域に貢献する英語プロフェッショナル人材の育成」というテーマで研究を継続した（第3、4章参照）。これら6年間の取り組みをはじめとした英語英文学科教員の教育に対する熱い想いが、最終的には2017年度からスタートした新カリキュラムという形で結実した。

1.3.2　新カリキュラムの特徴

2017年度のカリキュラムは図1の通りである。

図1．英語英文学科2017年度カリキュラム

旧カリキュラムでは1年生の必修科目の多くを日本人英語教員が担当し、2年生から英語を母語とする教員による科目を数多く導入していた。また旧カリキュラムでは1年次に5科目、2年次に4科目と英語スキルに関する必修

科目を多く設けていた（表1）。

表1. 旧カリキュラムにおける英語スキル必修科目

（イタリックは英語母語話者教員による科目）

1年生	2年生
Progress in English I/II	*Progress in English III/IV*
Listening I/II	*Speaking III/IV*
Speaking I/II	Reading & Grammar III/IV
Reading & Grammar I/II	*Reading & Writing III/IV*
Reading & Writing I/II	

それに対して2017年度カリキュラムでは1年次の必修科目のコマ数を5コマから7コマに増やすとともに2年次の必修科目を1科目のみにし、ゼミナールを除いては選択科目とした（表2）。この変更により2年次以降に留学プログラムに参加しやすくなるメリットを期待している。

表2. 2017年度カリキュラムにおける英語スキル科目

（イタリックは英語母語話者教員による科目）

1年生	2年生
Active English I ～ VIII	*Writing III/IV*
Reading I/II	
Writing I/II	
English Online I/II	

以上、主な変更点をまとめると表3のようになる。

表3. 新旧カリキュラムにおける主な違い

	旧カリキュラム	新カリキュラム
英語母語話者による科目	多くは2年次から開始	1年次から開始
eラーニングを活用した科目	なし	English Online の導入
ゼミナール科目	3年次より開始	2年次より開始

新カリキュラムでは、1年次に英語母語話者教員による科目をほぼ毎日受講する体制を整え、英語を話すことに対する抵抗感を減らすことを目指してい

る。またeラーニングを活用した科目としてEnglish Onlineを導入し1年生全員が共通のオンライン教材を利用して自律的な学習を行なっている。これは旧カリキュラムで不足していた、集中的な英語訓練を行う目的で導入したものである。また旧カリキュラムではゼミナールは3、4年次に原則として同一教員が担当する形で行なっていたが、新カリキュラムでは2年次に前倒しし、複数教員のゼミナールを複数履修できる体制とした。これにより早い時期からより広い分野における専門知識を身につけることが可能になる。

1.4 カリキュラムの効果検証に向けて

　本章では私立大学を取り巻く環境についてまとめ、広島修道大学人文学部英語英文学科で2017年度から導入した新カリキュラムの特徴を説明した(詳細については第2章参照)。また本章では触れていないが、2014年度からスタートした通訳・翻訳プログラムにおいても試行錯誤を重ねて、実践的な教育を行なっている(第5〜8章参照)。いわゆる英語外部試験を利用して、定期的に学生の英語力の伸びを測定することは重要ではあるが、それだけに留まらず学生の声にも耳を傾けることも大切である。まだ新カリキュラムはスタートしたばかりだが、今後も様々な視点からその効果を検証し、絶え間なく改善を続けていく必要があるだろう。

引用文献

内閣府. (2014). 基本計画専門調査会第1回配布資料.
　　http://www8.cao.go.jp/cstp/tyousakai/kihon5/1kai/siryo6-2-7.pdf
日経BPコンサルティング. (2017). 大学ブランド・イメージ調査2017–2018.
　　https://consult.nikkeibp.co.jp/branding/solutions/university-brand/
日本私立学校振興・共済事業団. (2017). 平成29 (2017) 年度私立大学・短期大学等入学志願動向.
　　http://www.shigaku.go.jp/files/shigandoukouH29.pdf
まち・ひと・しごと創生会議. (2014). まち・ひと・しごと創生総合戦略.
　　http://www.kantei.go.jp/jp/singi/sousei/meeting/

文部科学省. (2017). 平成 29 年度学校基本調査.
　　https://www.e-stat.go.jp/stat-search/files?tstat=000001011528
文部科学省. (2017). 文部科学統計要覧 (平成 29 年度版).
　　http://www.mext.go.jp/b_menu/toukei/002/002b/1383990.htm
リクルート進学総研. (2018). リクルート進学総研マーケットリポート 2018 年 1 月
　　号. http://souken.shingakunet.com/research/market1/

第2章
広島修道大学人文学部英語英文学科の現況

水野和穂

2.1　はじめに

　本章では、広島修道大学人文学部英語英文学科の現況について、英語英文学科の理念と目的、学生の受け入れ、教育課程と学習成果、海外研修・留学、そして就職状況の観点から述べる。

2.2　英語英文学科の理念と目的

　英語英文学科が設置されている人文学部は、本学が総合大学に踏み出す第一歩として、心理学専攻、社会学専攻、教育学専攻から成る人間関係学科と英語英文学科の2学科によって1973年に開設された。この体制は長く続いたが、2016年、人間関係学科教育学専攻は教育学科に改組された。また、2017年、同心理学専攻は、新設の健康科学部心理学科に改組された。この結果、人文学部は、人間関係学科社会学専攻、英語英文学科、教育学科の3学科構成となっている。英語英文学科は、学部設置以来の理念を継承するとともに、複雑多様化する現代社会への対応能力を涵養することの重要性に鑑み、2008年に教育研究上の目的を学則に定め、さらにその後の全学的な改組等に対応して、2016年に以下のように定めた。

　　人文学部は、現代社会の課題を理解する能力の育成、コミュニケーション能力の育成、そして情報リテラシーの習得を通して、地球的視野を持つ人材の養成と個性的、自律的な人間を育成することを目的とする。

英語英文学科は、高度な英語運用能力を育成するとともに、英語圏の言語、文学についての幅広い教育を行うことによって、広い教養と国際的視野及び高度なコミュニケーション能力を備えた人材の養成を目的とする。

上記は、大学の建学の理念と教育目標に基づき、学部設置趣旨と学科開設以来の実績を考慮したカリキュラム改訂時の検討を踏まえたものであると同時に、グローバル化している現代社会の課題を見据えたものである。

2.3 学生の受け入れ

英語英文学科では、後述する学位授与方針及び教育課程の編成・実施方針を踏まえ、全学の方針のもとに学生の受け入れ方針を次のように定め、ホームページをはじめ各種の媒体に公表している。

英語英文学科は、学士課程教育を受けるに必要な基礎学力と主体性を備えた人を、様々な入学試験制度により選抜し、受け入れることとしている。具体的には、言語や文化、とりわけ英語や英語圏の文化に強い関心と探究心があり、英語習得に必要不可欠な努力を惜しまず、英語で他者と積極的に交流し、多様な価値観を持つ他者とともに問題の解決に当たる協創性を備えていることを重視している。英語英文学科が求める学生像は、次の「知識・技能」、「思考力・判断力・表現力」、「主体性と協創」を有する人である。

(1) 高等学校における英語・国語の教科に関する知識・技能を有する人。すなわち、英語圏の文学や英語学・応用言語学の文献読解、さらにこれをふまえた論述や口頭でのコミュニケーションを行うための基礎となる英語の音声・語彙・文法の知識及び「聞く」、「話す」、「読む」、「書く」の四技能に加え、伝達の内容に関して論理的に思考・判断・表現する際に基礎となる日本語能力を有する人。

(2) 言語や文化に関わる問題に気づく観察力、その問題を解決するために文献を読解し、それをもとに考察し自らの結論を導く思考力・判断力、その結論を論理的な文章や口頭発表によって説得的に示す表現力、及びこの問題解決プロセスに主体性をもって取り組む態度を有する人。

(3) 多様な価値観を持つ他者に対する包容力を備え、主体性を持って共感的な人間関係を創造しながら、同時に自らの意図を明確に表明して相互理解を図る能力を有する人。

英語英文学科の入学希望者に求める水準の判定方法は、一般入試前期（60名）、一般入試後期（5名）、大学入試センター利用入試前期（7名）、大学入試センター利用入試後期（2名）、一般・センター併用（4名）、AOインターアクション（15名、帰国生受験を含む）、指定校推薦（17名、附属校推薦を含む）、であり、それぞれの入試形態ごとに判定している。その他に、特別入学試験として、外国人留学生入試により若干名を募集している。

一般入試、センター利用入試、および一般・センター併用においては、選択科目の取り扱いや配点比率等に工夫を施し、質量とも十分な受験者の獲得に努めている。また、指定校推薦入試は評定平均値の基準を定めており、一定の学力水準を要求している。AO入試では特に評点平均値に基準を設けていないが、課題図書に基づきリスニング、音読、文章構成力、読解力を測る学力試験を課すことで大学での学びに結びつく学力を担保している。

上述の学生の受け入れ方針に基づき、本学部では学生募集に関わる活動として、年5回（3月下旬、6月初旬、7月下旬（2回）、8月下旬）のオープンキャンパスにおいて、学部・学科説明や個別相談のほか、ウェブページによる広報、模擬講義、入試対策講座を行っている。そのほか、入学センターと入試委員の教員が中心となって高校訪問を行い、指定校推薦の依頼をするとともに、高校からの要望等を聞くなどして、高校側のニーズに応えるための努力をしている。また、高校側のニーズに応じて、年に数回、教員を高校に派遣して模擬授業を行っている。

また、英語英文学科は、下記のようにそれぞれ入学者選抜制度とその評価基準を設定し、「知識・技能」、「思考力・判断力・表現力」、「主体性と協創」を評価して、公正な入学者選抜を実施している。

(1) 一般入学試験：個別学力検査に基づく知識及び思考力等の評価に重点を置き、調査書に基づく主体性等の評価及び、一部日程では資格・検定試験等の評価を加味して総合的に評価している。

(2) 大学入試センター試験利用入試：大学入試センター試験に基づく知識及び思考力等の評価に重点を置き、調査書に基づく主体性等の評価を加味して総合的に評価している。

(3) 一般・センター併用入学試験：個別学力検査と大学入試センター試験とに基づく知識及び思考力等の評価に重点を置き、調査書に基づく主体性等の評価を加味して総合的に評価している。

(4) AO インターアクション入学試験：志望理由書に基づいて英語英文学科で学修することの意義を理解し、強く入学を希望していることを確認した上で、英語力試験に基づいて基礎となる英語能力を評価している。さらに、面接試験に基づいて、「思考力・判断力・表現力」及び「主体性と協創」を評価する。英語力試験と面接試験の結果に重点を置き、調査書に基づく知識等の評価を加味して総合的に評価している。

(5) 指定校推薦入学試験・附属校推薦入学試験：志望理由書に基づいて英語英文学科で学修することの意義を理解し、強く入学を希望していることを確認した上で、面接試験に基づいて主体性、多様な価値観に対する包容力、及び相互理解を図る能力を評価する。面接試験の結果に重点を置き、調査書、推薦書に基づく知識及び思考力等の評価を加味して総合的に評価している。

(6) 帰国生入試：志望理由書に基づいて英語英文学科で学修することの意義を理解し、強く入学を希望していることを確認した上で、英語力試験に基づいて基礎となる英語能力を評価している。さらに、面接試験に基づいて、「思考力・判断力・表現力」及び「主体性と協創」を評

価する。英語力試験と面接試験の結果に重点を置き、調査書に基づく
知識等の評価を加味して総合的に評価している。

(7) 外国人留学生入学試験：日本留学試験の成績によって日本語運用能力
を評価する。さらに面接試験によって、知識、思考力、主体性、及び
日本語でのコミュニケーション能力等を評価した上で、日本留学試験
の成績と面接結果を同等の比重で評価している。

(8) 編入学試験及び学士入学試験：英語に関する個別学力試験によって、
主に第3学年次に修学するために必要な知識及び思考力を評価する。
さらに面接試験によって主体性等を評価した上で、個別学力検査結果
及び面接結果を同等の比重で評価している。

　本学科の入学者選抜実施のための体制は、毎年12月～3月にかけて学生
募集要項などを見直し、次年度に反映させており、文部科学省の指導方針に
沿って公正かつ適切に実施することを基本としている。また、大学全体の方
針でもあるが、障害等のある入学志願者に対しては、「障害者基本法」や
「障害を理由とする差別の解消の推進に関する法律」（いわゆる「障害者差別
解消法」）の趣旨に十分留意しつつ、その能力・適性、学習の成果等を適切
に評価するために必要な合理的配慮を行い、障害のない学生と公平に試験を
受けられるように配慮している。具体的には、入学試験前の事前相談、入学
試験時の対応（補聴器の装用許可、座席指定、別室／個室受験、試験時間の
延長、マークシートのチェック解答・記述問題のPC入力許可、トイレ介助
者の同伴許可等の措置）、入学後の授業、試験、及び学生生活についてウェ
ブページや募集要項等を通して周知を図っている。入試制度の検証について
は、各入試制度の志願者数の動向分析、入試説明会や高校訪問における高校
進路指導担当者へのヒアリング、オープンキャンパスなどにおけるアンケー
ト結果の分析、入学後における学生の成績状況と当該学生が利用した入試制
度との関連性の分析などを通じて、入試制度ごとの学生受け入れの適切性を
再検討し、それぞれの試験内容や募集定員の見直しを継続的に行っている。
　英語英文学科では2003年度入試からAO入試を導入し、1次試験では英

語力判定試験、2次試験では日本語による集団討論とそれに基づく小論文試験を行ってきた。そして、3年目からは英語力判定試験を英語の課題図書に基づくものに変更した。しかし、2次試験での成績が入学後の成績と必ずしも一致しないことから、2次試験を廃し、面接にも課題図書に関する質問と音読試験を加えることで、より英語力を重視した入試内容とした。その後、英語の4技能を測定する目的の一環として、2014年度入試より1次試験にリスニング問題を加える等、常時入学試験制度を点検し、改善している。

　次の表は、過去10年（2008年〜2017年）の英語英文学科の入試状況（全入試形態の志願者数とBenesseによる一般入試の偏差値の推移）である。志願者数と偏差値共に期間の半ばで低調であったが、近年上昇傾向に転じていることがわかる。

表1．英語英文学科の偏差値推移

	2008	2009	2010	2011	2012	2013	2014	2015	2016	2017
志願者数	890	817	688	814	672	862	732	818	941	1032
偏差値	56.0	55.8	53.6	54.4	54.5	53.4	53.3	54.0	55.4	54.4

　以上、英語英文学科ではわかりやすいアドミッションポリシーを提示し、求める学生像と能力を明示している。また、各入試形態に適切な定員を配することで、確実な学生募集ができている。特に、AO入試においては、入学後の教育課程を踏まえて、学力試験、面接ともに適切な試験内容を実施している。現在、オープンキャンパス、高校訪問、模擬講義等の広報活動により、厳しい大学間での志願者獲得競争の中においても競争力を保っているが、今後も競争力を維持するためには、入試制度の改善もさることながら、長期的には社会のニーズに対応した教育課程の改善と開発が重要である。

2.4　英語英文学科の教育課程と学習成果

2.4.1　英語英文学科の学位授与と教育課程の編成および実施方針

　英語英文学科は、学位授与方針を次のように定め、ホームページをはじめ各種の媒体に公表している。

英語英文学科は、学生一人ひとりが「地球的視野を持って地域社会の発展に貢献できる人材」となることができるよう、以下の3点を学士課程教育において身につけるべき学士力として明示します。

1. 知識と技能

講義、ゼミナールなどでの読む・聞く・書く・話すことの反復をとおして、言語としての英語、及び英語圏の文化の諸相に関する知識を収集・整理・理解し、分析・表現することができるようになること。

2. 思考力・判断力・表現力

修得した知識と技能をもって、自らの課題を発見し、課題の解決に取り組み、その成果を表現するために必要な思考力・判断力・表現力等の能力を持つようになること。

3. 多様な人々との協創

グローバル化が進む社会において活躍できる的確なコミュニケーション能力を身につけ、主体性をもって異なる文化や価値観を等しく尊重し学び合う態度を養うこと。

また、学科の教育課程の編成・実施方針を次のように設定し、ホームページ等の各種媒体で公表している。

英語英文学科は、学生一人一人が円滑に大学での学修を開始し、学士課程をとおして深い学識を身につけ、「地球的視野を持って地域社会の発展に貢献できる人材」となることができるよう、以下の3点を教育課程の編成方針として明示します。

1. 基礎から発展へ

基礎的な英語運用能力を修得し、専門性の高い学修に結び付けるため、初年次の英語力錬成科目から高学年次の発展的な科目へ、科目を段階的に配置します。

2. 視野の拡大

英語圏の文学・文化と英語学・英語教育学に関する専門的知識の修得に

むけて、自専攻科目の中にそれぞれの分野の科目を体系的に配置します。学士課程における学修成果の集大成として卒業研究を必修とします。

3. 経験の拡充

卒業後の実社会での活動に資するため、時事問題や各種英語検定に対応した科目群のほか、語学の専門職に必要な技能を育成するための科目群を配置します。また英語圏での授業や生活を通じて、英語の実践的運用能力を向上させ、同時に幅広い国際的視野を身につけることができるように海外研修プログラムを提供し、単位を認定します。

　上記の方針にしたがって、英語英文学科は 2017 年度実施の教育課程の体系、教育内容、教育課程を構成する授業科目区分、授業形態等を人文学部履修細則に定め、1 年次前期必修科目「修大基礎講座」や各学科の履修ガイダンス等において学生に示している。

　英語英文学科では、ほぼ 4 年ごとに教育課程・カリキュラムの見直しを行ってきたが、抜本的な改定は 2 回であった。転換期は、1991 年に行われた大学設置基準等の改正（いわゆる「大綱化」）により大学に対する規制が緩和された時期と 2017 年度から導入した新カリキュラムである。大綱化までのカリキュラムでは、1970 年代の大学開学当時のいわゆる日本全国の「英文学科」に見られた伝統的英語学、英米文学の教育・研究を中心とし、現在では一般的である「コミュニケーションツールとしての英語」という視点からの科目は少なかった。大綱化後のカリキュラム改定により、4 年間を通しての英語 4 技能の習得と従来の英語学、英米文学に関する専門的知識の教授をバランスよく配置することができた。

　そして 2017 年度導入の第 3 世代の新カリキュラムでは、グローバル社会のニーズに対応すべく、より実践的な英語コミュニケーション能力の涵養を主眼とした教育課程の編成方針を念頭に科目区分、科目分類、単位数等を人文学部履修細則に下記のように定めた（表 2）。

表 2．英語英文学科新カリキュラム

科目区分	科目分類			修得単位数	卒業所要単位数
修道スタンダード科目	全学共通科目			6 単位以上	合計 124 単位以上
グローバル科目	留学生教育科目				
	留学支援教育科目				
	国際共修科目				
共通教育科目	教養科目				18 単位以上
	外国語科目	英語科目			
		初修外国語科目		4 単位以上	
	保健体育科目				
主専攻科目	人文学部総合科目				78 単位以上
	専攻科目	英語力練成		64 単位以上	
		英米の文化・文学			
		英語学・英語教育学			
		通訳・翻訳プログラム			
		英語科教育			
		情報処理			
		卒業研究			
		海外研修			
	関連科目				
自由選択科目					

　このカリキュラム策定にあたっては、全学的な科目ナンバリングの議論に基づき、科目の順次性及び体系性に配慮した。卒業研究については、その学修の成果に対して単位を認定することとしている。英語英文学科では、アクティブ・ラーニングが強調される以前から、ゼミナールや卒業論文の必修を維持してきた。これは本学科の社会的評価を支える柱となっていると考えられる。授業は、講義、講読、演習及びゼミナール、インターンシップ、実習

等、多様な方法と内容で実施され、必修ないし選択の配当がなされている。初年次においては、高大接続を考慮した「修大基礎講座」を必修とし、後期にも必修科目「初年次セミナー」を配当している。教養教育に関しては、全学的な議論を踏まえ、18 ないし 22 単位の履修を義務づけるなど、専門教育との適切な配分を考慮している。

2.4.2 効果的な教育のための措置と学習効果

　単位の実質化を図るため、「広島修道大学人文学部履修細則」において、各年度において 44 単位まで（前期・後期に履修し得る単位数は、通年で履修する科目を除き原則として 24 単位まで）とするなど、適切に定めている。また、シラバスについては、授業コード、クラス、科目名、単位数、担当者、履修期、授業題目、授業の概要、到達目標、各回の授業計画、授業外学習の課題、履修上の注意事項、成績評価の方法・基準、テキスト・参考文献、主な関連科目、オフィスアワー及び質問・相談への対応を明示するようにしている。シラバスについては、学科・グループにおいてホームページへのアップを前に相互チェックを行うなど、内容・形式の妥当性の維持を図っている。また人文学部教務委員会において、各年次で最低限は修得すべき科目や単位数を検討し、それに満たない学生には面談を実施し、状況を掌握して共有する体制をとっている。

　その他にも、英語英文学科では学生の主体的参加を促す授業形態、授業内容及び授業方法、授業形態に配慮した 1 授業あたりの学生数への配慮、適切な履修指導を実施している。具体的には、言語・文化・文学に関する基礎知識を踏まえ、専門領域での研究論文を作成することを目標とし、段階を追って、語学力養成、知識習得、研究実践を可能とするカリキュラムを構築している。これを効果的に活用できるよう、各科目の概要を具体的にシラバスに明記するだけでなく、初年次から適時、履修指導やガイダンスを実施し、学科のメーリングリストを作成し、情報発信も行っている。

　授業形態については、初年次にアクティブ・ラーニング方式の英語母語話者教員による授業（週 4 コマ）を配置し、1 クラスを約 20 名とし主体的な学

習能力を養成している。学生の学力差にも配慮し、必修英語科目においては学力基準により履修条件を設けたクラスを設けている。また、早い時期から多様な専門領域の知識を無理なく習得できるよう、ゼミナールを 2 年次から必修科目とし、複数クラスを履修可（3 クラスまでの上限設定あり）とした。さらに、実社会での英語専門職としての活躍を可能とするため、通訳翻訳の体系的な科目群を設置し、現場でのインターシップ制度も導入している。教職課程の見直しも進め、教員養成にも力を入れている。外国語の習得には、目標言語の地域での語学研修やより長期におよぶ交換留学は、学習への大きな動機づけになることは言うまでもない。英語英文学科では、本学の国際センター等の助力を得つつ、学生の各種海外留学への参加促進にも力を入れている。海外研修と留学に関しては次節で述べるが、教育課程に関し、留学に柔軟に対応できるようクォーター制を導入している。

2.4.3　データに見る学習効果

　前節では英語英文学科の教育課程と効果的な教育のための措置について記述したが、ここではその学習成果の一端を TOEIC スコアやその他の英語検定試験の成績により見てみたい。

　英語英文学科では社会のグローバル化に対応するため 1 年生に TOEIC-IP を年 2 回受験することを義務付けてきた。次の表 3 は TOEIC の実施団体である国際ビジネスコミュニケーション協会作成によるスコアガイドラインである。

表 3．TOEIC R&L スコアガイドライン

レベル	TOEIC スコア	評　　価
A	860 点〜	Non-Native として十分なコミュニケーションができる。
B	730 点〜 855 点	どんな状況でも適切なコミュニケーションができる素地を備えている。
C	470 点〜 725 点	日常生活のニーズを充足し、限定された範囲内では業務上のコミュニケーションができる。
D	220 点〜 465 点	通常会話で最低限のコミュニケーションができる。

E	〜215 点	コミュニケーションができるまでに至っていない。

（国際ビジネスコミュニケーション協会（2012）を元に作成）

　英語英文学科では、卒業時までに「Bレベル」に到達することを目標に指導しているが、その道標として、「1学年終了時に500点、2学年終了時に600点、3学年終了時に700点」を掲げている。次の表4は、2012年度〜2016年度の入学時と年度末のスコアの平均点とその伸長度、そして、スコアの上位層の人数を示している。

表4．2012–16 年度の TOEIC-IP データ

		2012 年度	2013 年度	2014 年度	2015 年度	2016 年度
TOEIC-IP スコア	入学時	397.1	371.8	404.1	390.1	386.3
	1 学年末	451.1	468.4	477.1	470.7	485.1
600 点以上		5	7	15	11	13
500–600 点未満		21	34	23	27	33

入学時における平均点は、期間を通して400点前後で一定しているが、1年生終了時の平均点と600点以上取得の上位層の人数は、2014年度以降プラス方向に向かっている。

　以上は、入学後1年間のTOEIC-IPスコアに見る英語力の伸長度であるが、4学年を通してのTOEICおよび実用英語技能検定（英検）における成績優秀者についてまとめたものが次の表5である。

表5．TOEIC および英検における成績優秀者数

		2007	2008	2009	2010	2011	2012	2013	2014	2015	2016
TOEIC	860–	0	0	1	4	3	1	5	3	3	3
	730–	0	3	1	5	3	3	4	1	3	4
英検	1 級	0	0	0	0	0	0	0	0	0	2
	準 1 級	0	0	0	0	5	0	3	0	0	1
合計		0	3	2	9	11	4	12	4	6	10

第2章　広島修道大学人文学部英語英文学科の現況　21

　合計欄の数値の推移から分かるように、多少年度によって増減は見受けられるが、全体的に見て年度進行とともに成績優秀者数が増加傾向にある。なお、2017年度からの新カリキュラムでは、従来のTOEIC対策に加えて、英検とTOEFL対策の授業科目が新設されたので、今後各種英語資格試験の成績優秀者数の増加が見込まれる。

　以上まとめると、人文学部系の学科において、ともすれば大人数の講義科目中心の授業開設が見られるなかで、広島修道大学人文学部英語英文学科は、アクティブ・ラーニングが強調される以前から、ゼミナールや卒業研究の必修を維持してきた。また、学科設置以来の英米文学、英語学、英語教育学の専門知識の教授に加え、通訳翻訳プログラムや英語資格試験対策の授業を新設するなど、大学を取り巻く状況の変化による実用的英語力の社会的要請に柔軟に対応している。これらは本学科の社会的評価を支える柱となっていると考えられる。

2.5　英語英文学科の海外研修・留学

　広島修道大学の国際交流への取組みは、1982年に「第1回海外夏期英語研修」として10名の学生をルイビル大学（アメリカ）へ派遣したことから始まった。以来、留学生の受入れ、学生の海外派遣、教員の交流を中心に地道に推進し、現在では14か国31大学との間で協定を締結するに至った。以下は、現在の協定校の一覧（協定書の締結順）である。

・North Carolina State University（アメリカ、ノースカロライナ州、1985年締結）
・The University of Louisville（アメリカ、ケンタッキー州、1986年締結）
・Arizona State University（アメリカ、アリゾナ州、1987年締結）
・重慶工商大学（中国、重慶市、1987年締結）
・西南政法大学（中国、重慶市、1988年締結）
・Ara Institute of Canterbury（ニュージーランド、クライストチャーチ、1992年締結）

・暨南大学（中国、広州市、1993 年締結）

・The University of Wollongong（オーストラリア、ニューサウスウェールズ州、1994 年締結）

・The University of St. Mark and St. John（イギリス、プリマス、1995 年締結）

・The University of Warwick（イギリス、コベントリー、1995 年締結）

・啓明大学校（韓国、大邱広域市、1996 年締結）

・Ulster University（イギリス、北アイルランド、2000 年締結）

・The University of Northern British Columbia（カナダ、ブリティッシュ・コロンビア州、2001 年締結）

・淑明女子大学校（韓国、ソウル特別市、2001 年締結）

・東北財経大学（中国、大連市、2002 年締結）

・Kent State University（アメリカ、オハイオ州、2005 年締結）

・Newcastle University（イギリス、ニューカッスル・アポン・タイン、2005 年締結）

・国立屏東大学（台湾、屏東市、2008 年締結）

・National University of Laos（ラオス、ビエンチャン、2009 年締結）

・北京語言大学（中国、北京市、2009 年締結）

・Telecom Business School（フランス、エヴリー市、2011 年締結）

・仁川大学校（韓国、仁川広域市、2012 年締結）

・Pacific International Academy at Marylhurst University（アメリカ、オレゴン州、2012 年締結）

・ベトナム国家大学ホーチミン市人文社会科学大学（ベトナム、ホーチミン市、2013 年締結）

・Valencia College（アメリカ、フロリダ州オーランド市、2014 年締結）

・Aschaffenburg University of Applied Sciences（ドイツ、アシャッフェンブルク、2015 年締結）

・RMIT University Vietnam（ベトナム、ホーチミン市、2015 年締結）

・Portland State University（アメリカ、オレゴン州、2015 年締結）

・Palacky University Olomouc（チェコ共和国、オロモウツ市、2015 年締結）

・Canterbury Christ Church University（イギリス、カンタベリー市、2016 年締結）

・The University of Guanajuato（メキシコ、グアナファト州、2016 年締結）

　海外協定校で取得した単位が、本学の卒業単位に認定される海外学生派遣プログラムは「交換留学」、「海外セミナー」、「認定留学」、希望者の中から入学時の TOEIC-IP の成績により選抜される「グローバルコース」の一環として英語学習とインターンシップ（サービスラーニング研修）を組み合わせた留学プログラム、の 4 種類に大別できる。

2. 5. 1　交換留学

　交換留学は、本学の協定大学と学生を相互に派遣するプログラムである。原則として、1 年間交換留学生として派遣先の大学で正規の授業を受けるので、一定レベル以上の語学力が要求される。派遣先大学での授業料は、本学に通常の授業料を払うことで免除されるので、派遣先大学での経費は、寮費や教材費、生活費及びその他の諸経費のみである。交換留学生として派遣される学生は、派遣先の大学で、正規の授業を受講し、そこで取得した単位は学部生では原則として 60 単位、大学院生では 10 単位を超えない範囲で本学の単位として認定される。一方、本学が協定校から受入れる交換留学生は、本学では特別聴講学生という身分で在籍し、本学の正規科目を履修する。

　現在交換留学を実施している協定校は、アリゾナ州立大学、ノースカロライナ州立大学、オハイオ州立ケント大学（以上アメリカ）、ウーロンゴン大学（オーストラリア）、ニューカッスル大学（イギリス）、テレコム・ビジネス・スクール（フランス）、アシャッフェンブルク応用科学大学（ドイツ）、オロモウツ・パラツキ大学（チェコ）、ノーザン・ブリティッシュ・コロンビア大学（カナダ）、クライストチャーチ工科大学（ニュージーランド）、啓明大学校、淑明女子大学校、仁川大学校（以上韓国）、国立屏東商業技術学院（台湾）、西南政法大学、暨南大学、北京語言大学、東北財経大学（以上中国）、ベトナム国家ホーチミン市人文社会科学大学（ベトナム）の 12 ヵ国 19

大学である。次の表6は、過去10年間の交換プログラムによって選抜後、協定校に派遣された英語英文学科生の数を示している。英語圏のみならず、フランス、ドイツ、韓国へも留学していることが分かる。平均すると各年度6.1人である。

2.5.2 海外セミナー

　海外セミナーは、主として海外の大学での語学研修と異文化体験を通じて、より高い国際感覚を身につけることを目的とする。期間は、夏期休暇・春期休暇中の2〜6週間が中心であるが、1学期間（4〜6ヵ月）または2学期間（10〜12ヵ月）の長期にわたって実施されるものもある。また、どのプログラムに参加してもそれぞれ単位が認定される。3ヵ月以上のセミナーの場合、国際交流スカラシップ制度を利用して奨学金を受け取ることもできる。現在実施している海外セミナーは以下の通りである。

「スタートアッププログラム」
・アメリカ・PIAセミナー（8月約4週間）
・ドイツ・アシャッフェンブルクセミナー（8月約4週間）
・ベトナム・RMIT英語セミナー（夏季〜第3学期約11週間）
・イギリス・カンタベリーセミナー（9月〜11月約6週間）

「語学・各国事情プログラム」
・韓国・啓明セミナー（啓明大学校8月約3週間）
・韓国・仁川セミナー（仁川大学校8月約2週間）
・ニュージーランドセミナー（短期2月〜3月約6週間；中期4月〜9月約6ヵ月間；長期4月〜翌3月1年間）
・アリゾナセミナー（アリゾナ州立大学2月〜3月約4週間）

「語学専修プログラム」
・イギリス・カンタベリーセミナー（カンタベリー・クライスト・チャーチ

第 2 章　広島修道大学人文学部英語英文学科の現況　25

表 6．協定校への交換留学による派遣者数

	2008	2009	2010	2011	2012	2013	2014	2015	2016	2017
アリゾナ州立大学	0	1	0	0	0	0	0	1	1	1
ノースカロライナ州立大学	1	0	1	1	1	0	2	0	0	0
アデレード大学	0	0	0	1	0	0	0	0	1	-
ウーロンゴン大学	0	0	0	1	0	0	0	0	0	0
ニューカッスル大学	0	0	0	0	0	0	0	0	0	0
テレコム・ビジネス・スクール	-	-	-	-	2	2	1	1	0	1
ノーザン・ブリティッシュ・コロンビア大学	1	2	2	2	3	2	2	1	1	1
クライストチャーチ工科大学	1	0	1	0	1	0	1	1	1	1
オハイオ州立ケント大学	-	-	-	-	-	-	2	0	2	0
アシャッフェンブルク応用科学大学	-	-	-	-	-	-	-	-	-	1
啓明大学校	0	0	1	1	1	0	0	1	0	0
淑明女子大学校	1	0	1	0	1	0	0	1	0	0
仁川大学校	0	0	0	0	0	1	1	1	0	0
西南政法大学	1	0	0	0	0	0	0	0	0	0
合　計	5	3	6	6	9	5	9	7	6	5

大学 9 月～ 12 月約 3 ヵ月）

・アメリカ・ケントセミナー（オハイオ州立ケント大学 8 月～ 12 月約 4 ヵ月間）

・中国語セミナー北京語言大学（2 月～ 3 月約 4 週間）

・ベトナム・RMIT 英語セミナー RMIT 大学ベトナム（8 月～ 12 月約 5 ヵ月間）

「実践型プログラム」
・ベトナム交流学習セミナー（3月約2週間）
・バレンシアカレッジ・ディズニーセミナー（8月～翌年1月約6ヵ月；2月
～7月約6ヵ月）

次の表7は、過去10年間の各海外セミナーに参加した英語英文学科生の数
を示している。英語圏のみならず、韓国、中国、ベトナムへも留学している
ことがわかる。平均すると参加者は各年度46.4人である。

表7. 各種海外セミナーへの派遣者数

	2007	2008	2009	2010	2011	2012	2013	2014	2015	2016
ロンドンセミナー					16	9	4	10		
イギリス・ウォリックセミナー	12	24	22	23	17	3	12	13	3	
アメリカ・ケントセミナー【短期】	4		3	2			5			
アメリカ・ケントセミナー【中期】	6	15	6	8	2	4		8	1	
アメリカ・ケントセミナー【長期】	3	3	3	4	6	1		4		
アリゾナセミナー					7	8	5	18	5	2
バレンシア・ディズニーセミナー									1	1
イギリス・カンタベリーセミナー										3
ニュージーランドセミナー【短期】					1	15	10	8	7	13
ニュージーランドセミナー【中期】					1	1	2	3	3	11
ニュージーランドセミナー【長期】									3	2

アメリカ・PIA セミナー							1	11	11	
ベトナム・RMIT 英語セミナー										1
韓国・啓明セミナー	3	2	4	5		4	1	4		3
韓国・仁川セミナー								1		6
中国語セミナー			4	4	2	2	3	2	1	2
ベトナム交流学習 セミナー										1
合　　計	28	44	42	46	52	47	43	82	35	45

2.5.3　認定留学

　2007年度より、協定大学への交換留学や海外セミナーへの参加以外で、自ら海外の大学に留学しようとする学生を支援する認定留学制度を導入した。認定留学では、学生が自ら希望する外国の大学等高等教育機関を留学先とする。留学先の履修期間は、1年間を上限とし本学の修業年限に算入され、留学先で修得した単位は、留学先大学の成績証明書により原則60単位を限度として本学の卒業所要単位に認定することができる。認定留学による派遣学生は、国際交流スカラシップ制度を受けられる。この留学制度を利用した英語英文学科生は今まで2名である。

2.5.4　グローバルコース

　グローバルコースは、1989年からの協定校であるニュージーランドのクライストチャーチ工科大学（AIC）および、アメリカ、オレゴン州のパシフィックインターナショナル・アカデミー（PIA）で開講される英語学習とインターンシップ（サービスラーニング研修）を組み合わせた留学プログラムを、本学の学部教育と併せて実施する特別コースである（PIAへの派遣は2017年度まで）。グローバルな視野を持ちながら地域社会に根ざして活躍す

ることのできる人材の育成を目的として 2014 年に開設された。出願時に
コースへの参加を希望された方の中から 30 名〜 40 名を派遣し、実践的な
就業体験により、海外の実社会を肌で感じられる貴重な機会を提供してい
る。各学部での教育と、約 4 ヵ月間の留学を経験することで、グローバル
社会のリーダーとして必要とされるスキルを培うことが目的である（詳細は
第 10 章参照）。

　コースを履修するには、出願時にコースへのエントリーする必要があり、
合格後はプレイスメントテストの結果によって全学部から上位 30 名〜 40
名が選抜される。その後、学部の専門教育と合わせて特別コース内の「国際
理解科目」「英語科目」を履修し、2 年次前期終了前には TOEIC500 点、
TOEFL440 点程度の到達目標があり、2 年次後期に約半年間の「留学プロ
グラム」を経験する。3 年次、4 年次も継続して英語力と国際理解力に磨き
をかけ、「専門科目」の指導を受けながら、自身のキャリアプランニングを
行う。修了者には必要単位の履修状況などに応じて、コースの目指す能力を
修得したことを本学が証明する修了証が授与される。毎年多くの英語英文学
科の学生が参加しており、2017 年 3 月にはコース 1 期生がコースを修了し
無事に卒業している。

2.6　英語英文学科学生の就職状況

　これは日本全国の大学の英語英文学関連の学科に共通していると思われる
が、英語教員養成を目的とする学科などを除き、就職に際して専門分野であ
る「英語」に直接関係する業種に就く学生数は多くない。英語教職、学習支
援業（塾や英会話スクール等）、翻訳業に就く者、大学院へ進学する者もい
るが、多くは一般企業へ就職している。次の表 8 は、2013 〜 2017 年度の卒
業生の就職先企業等の業種別統計である。

表 8. 英語英文学科生の就職先企業 業種別統計

	2013 年度	2014 年度	2015 年度	2016 年度	2017 年度	合計
卸売業、小売業	20	16	27	21	20	104
サービス業	19	15	10	21	32	97
製造業	15	11	8	13	13	60
金融業、保険業	5	4	10	13	12	44
運輸業、郵便業	6	7	7	10	8	38
教育、学習支援業	10	3	7	4	10	34
不動産業、物品賃貸業	4	5	5	3	0	17
建設業	4	5	2	3	3	17
医療・福祉	2	3	5	3	0	13
公務	2	4	3	3	3	15
情報通信業	3	2	1	6	6	18

表が示すように様々な業種に就いているが、卸売業・小売業、サービス業、製造業への就職者数が多い。卸売業・小売業へは毎年多くの学生が就いている。2番目に多いのは、サービス業であるが、2015年度からの特徴として、ホテル等の宿泊業へ就く者が増加傾向にある。また、旅行業界へも毎年一定数が就職している。製造業へも、毎年一定数が就職している。金融業、保険業への就職は第4位であるが、景気が上向きであるためか、近年増加傾向にある。その他の特徴として、運輸業、郵便業のうち、航空業界へは以前より多くの学生が関心を持っており、毎年一定数の者が就職している。また、教育・学習支援業では、人数は多くないが、中学・高等学校教員（非常勤を含む）に一定数就いている。次の表9は、同様に2013～2017年度卒業生の就職先企業等の本社所在地別統計であるが、半数以上が広島県内に本社を有する会社に就職している。

表 9. 英語英文学科生の就職先企業業 本社所在地別統計

	2013年度	2014年度	2015年度	2016年度	2017年度	合計
広島県	49	33	44	54	57	237
中・四国地区（広島県以外）	8	8	5	5	9	35
関東地区	21	25	26	28	29	129
関西地区	7	6	5	10	7	35

2.7　おわりに

　本章では、広島修道大学人文学部英語英文学科の現況、英語英文学科の理念と目的、学生の受け入れ、教育課程と学習成果、海外研修・留学、そして就職状況について述べた。学科名称は、1973 年の学部学科設置以来変更していないが、教育課程と海外研修・留学に関して、大学を取り巻く社会環境の変化とその影響による学生のニーズの変化に柔軟に対応してきた。結果として、継続的に一定の志願者を得ており、これは取りも直さず広島修道大学人文学部英語英文学科が地域社会から必要とされている証拠と言えるであろう。

引用文献

国際ビジネスコミュニケーション協会.（2012）．TOEIC スコアとコミュニケーション能力レベルとの相関表. http://www.iibc-global.org/library/default/toeic/official_data/lr/pdf/proficiency.pdf

第3章
英語教育カリキュラムの改革に向けた取り組み[1]

大澤真也・水野和穂

3.1 はじめに

　英語英文学科では、2007年のカリキュラム改正において4技能を有機的に結びつけた科目群を設置し、より効果的な英語教育カリキュラムへの転換を目指した。その後、科目コーディネーター制を導入し、複数教員が担当する同一科目において専任教員がコーディネーターとなり科目の内容をできるだけ統一するように試みるなど、内容の充実を図ってきた。その流れの中で、教育改善に寄与する試みに対して支給される「教育成果指標の開発支援」事業予算が2011年度に学内で新設されたのを受け、この予算を利用して3年間カリキュラム改善につながる予備的な調査を行なった。本学の学生は広島県内出身の者が80%前後と多く、県内で就職する者が多いことから、調査のテーマは「地域が必要とする英語力育成のための教育成果指標開発」にした。その後2014年度から2016年度の3年間は、学内研究支援部署である「ひろしま未来協創センター」の研究予算を利用した調査研究を行ったが、ここでの研究テーマは「地域に貢献する英語プロフェッショナル人材の育成」であった。本章では2011年度から3年間行なってきた取り組みを中心に、2016年までの6年間にわたる取り組みの概要をまとめることにしたい。

3.2 英語英文学科カリキュラムについて

　2007年度から2016年度までのカリキュラムは1、2年次を英語スキル養

成の期間と位置づけ、3、4年次に行うゼミナールや専門科目、そして卒業研究につなげることを意識したものであった。第1章でも述べたが、具体的な科目名称は以下の通りである（Listening は1年次後期まで、それ以外は2年次の後期まで開講）。

Progress in English I, II, III, IV
Listening I, II
Speaking I, II, III, IV
Reading & Writing I, II, III, IV
Reading & Grammar I, II, III, IV

Progress in English においては共通テキストを指定し、1年次は日本人教員が担当してテキストを読み込み、2年次に英語母語話者の教員が担当して、テキストの内容について英語でプレゼンテーションができるようになることを目指していた（その後、共通テキストは廃止）。また Writing や Grammar においては科目名称に Reading ということばが入っていることからわかるように、インプットの重要性を意識し、リーディングによるインプットに基づいて英作文を行ったり文法を学んだりすることを目指していた。

　また学科のカリキュラムポリシーの1つである「英語圏の文学・文化と英語学・英語教育に関する専門的知識の修得にむけて、自専攻科目の中にそれぞれの分野の科目を体系的に配置する。学士課程における学修成果の集大成として卒業研究を必修とする」に基づき、以下の履修モデル（図1）が示すように2年次より「地域文化研究コース」と「言語研究コース」の2コースを設け、3、4年次のゼミナールで専門性を高め、4年次に学生各自のテーマに基づき卒業研究としてまとめるという流れであった。

英語英文学科　4年間の学び（履修モデル）

語彙力の強化を目的に英語力の土台を築く	基礎力の向上を目指すとともにTOEICなどの目標得点の到達を目指す	少人数ゼミに所属し、自分自身のテーマを追求する	研究テーマをより深め、卒業研究としてまとめる
1年次	2年次	3年次	4年次
英語力養成系科目（基礎必修科目）		英語力養成系科目（応用選択科目）	
Progress in English I-II, Listening I-II, Speaking I-II, Reading & Grammar I-II, Reading & Writing I-II	Progress in English III-IV, Speaking III-IV, Reading & Grammar III-IV, Reading & Writing III-IV	Presentation & Discussion I-II, Project Work I-II, Writing & Presentation I-II, Media English I-II	

アドバンスト英語（共通教育科目）

地域文化研究コース	英米の言語文化 I-VI, 言語文化研究 I-II, 地域文化研究 I-III, 地域文化研究特講
言語研究コース	言語学入門 I-II, 英語音声学, 英語の諸相 I-V, 英語研究 I-III, 英語研究特講, 言語教育法特講
通訳翻訳プログラム	通訳入門, 英語研究特講(通訳訓練準備), 通訳の理論と実践, 英語研究特講(ビジネス通訳I), 英語研究特講(ビジネス通訳II), 翻訳入門, 英語研究特講(翻訳入門), 翻訳研究 I-II, 英語研究特講(英日ビジネス翻訳), 英語研究特講(日英ビジネス翻訳)

ゼミナール I - IV

卒業研究

資格試験対策科目	Reading for TOEIC I-II, Preparation for TOEFL I-II, Business English I-II
留学プログラム	グローバルコース(PIA), 交換留学, 英語セミナー(Warwick, Kent State, Westminster, Arizona State, Christchurch Polytechnic), 中国語セミナー, 韓国語セミナー, 認定留学

図1．英語英文学科における旧履修モデル

　このカリキュラムにおける問題の１つとして挙げられるのは語彙学習の不足である。各科目において必要な語彙の指導を行ってはいるものの、カリキュラムの中には明確に位置づけられておらず、各教員の裁量に任されているという状況であった。そのため、最初の２年間の指導にもかかわらず、3年次になった時に卒業研究に必要な文献を読むだけの英語力に達していないという声が教員から聞こえてくることも多かった。また学科としてどのような英語力を育成しようとしているかという共通認識がないことも大きな問題であった。そのため、1、2年次に受験させる TOEIC のスコア以外に英語英文学科の学生の英語力を評価するための適切な指標が存在していなかった。

3.3　2011 年度の調査

　以上のような問題意識に基づき、2011 年度はまず学生のニーズを知るた

めに在学生へのインタビュー調査を行った。そして教員が学生にどのような英語力を身につけてもらいたいと考えているかを明らかにするために、教員推薦図書の電子データ化および語彙リストの簡易な分析を行った。

　教員は自分が正しいと思うやり方で教育を行うが、実際に教育を受けている学生はどう思っているのだろうか。そこで、本学の英語英文学科に在籍する学生を対象に、インタビュー形式で聞き取り調査を行うことにした。インタビュー調査への協力者を選ぶにあたっては特別な基準は設けなかったため、当然ながらこれらの結果を一般化することには大きな問題があるが、まずは学生の声に耳を傾けることが重要だと考えた。対象としたのは1年次生2名、4年次生2名である。4名とも学習意欲が高く成績も優秀な学生である。入り口である1年次で考えていることと卒業、つまり出口に近づいた時点で考えていることを明らかにすることによって、英語英文学科の教育成果指標の開発やカリキュラム改善につながる示唆を得ることができると考えた。なお半構造化インタビュー法を採用し、主に大学入学の動機、高校時代の本学に対するイメージ、本学で受講した授業、学習や就職に対するサポート、英語力が上がった実感などに関する質問を行った。インタビュー時間はそれぞれ約30分で、やり取りをすべて文字化した。項目ごとの簡単なまとめは次の通りである。

大学入学の動機
・4名とも国公立大学を志望しており、本学が第1志望ではなかった。
高校時代の本学に対するイメージ
・あまり良いイメージではない。どちらかと言えば「滑り止め」。
・留学プログラムが多様である。
・学生に自主性があり、自由な校風である。
本学で受講した授業
・担当教員によって授業内容に差がある。
・「スピーキング」は担当教員によっては物足りない。
・熟達度によってクラス分けをした方が良い。

・英語に関連しない授業を多く履修しても卒業できてしまう。

学習や就職に対するサポート

・満足している。

・使い方を知らない学生が多い。

英語力が上がった実感

・あまりない。

・リーディング力などは向上した。

　インタビュー調査で明らかになったことは、4名とも大きな不満は抱いていないということである。いわゆる「不本意入学」で第1志望の大学には入学できなかったものの、気持ちを立て直し学習面で優秀な結果を残している。また学習や就職におけるサポートや留学プログラムなどにおいては高い評価をしているが、授業に対する不満も見られた。たとえば「授業に対する不公平感」に関しては、同一科目名なのに担当教員によって内容にばらつきがあることや、英語力が高い層と低い層が混在しているクラスに対する批判が見られた。また残念なことに4年間の学習を通じても、英語力が上がったという実感をあまり持てていないようである。またインタビューの最後に「広島修道大学を後輩に自信を持って勧められるか？」という質問を行ったが、「大学生活が楽しく」「サポートがきめ細やかである」という点においては勧められるものの、「英語力が向上する」という観点においては言及がなかった。

3.4　英語英文学科コーパスの作成

　近年、言語学そして英語教育研究の分野においてコーパスが注目を集めており、数多くの研究が行われている。コーパスは言語資料とも呼ばれるが、ある人が分析を行いたいと考える対象の言語データを集約するものであり、そこから語彙リストの作成をはじめとして様々な分析を行うことができる。そこでまず、英語英文学科に所属する教員12名に協力を仰ぎ、英語英文学科の学生に読ませたい書籍を推薦してもらった。全教員の協力を得て計68

冊の書籍リストができあがり、絶版および入手不可のものを除いて書籍を入手した。その後、書籍の裁断、電子データ化、そして電子データの正確さのチェックを経て、「広島修道大学英語英文学科所属教員が学生に読んでもらいたいと考える英語コーパス（仮称）」が完成した。

　書籍を電子データ化する作業は予想以上に困難なものであった。特にフォントに装飾があるものやテキスト中に図表などがある場合は、正確にデータ化されない場合が多々あったため、データを手作業ですべて確認するという工程を経なければ、コーパスとしての利用に耐えうるデータにすることができなかった。そのため 2011 年度においては簡単な分析に留め、2012 年度にコーパスデータの分析を行った。

3.5　2012 年度の調査

　2011 年度の取組に続いて、2012 年度においては電子化したデータをもとに語彙の分析およびコース別語彙リストの作成を行うとともに、新たな試みとして Can-Do リストを利用した学生および企業への質問紙調査を行うことにした。

3.5.1　コース別語彙リストの作成

　コース別語彙リスト作成の目的は、専門性の高い地域文化研究コースと言語研究コースの科目（「ゼミナール」も含む）を履修する際に必要となる語彙を明示するとともに、それらを効率的に行える語彙学習教材開発に向けての基礎データとするためであった。作成方法は、まず、電子データ化した文献を地域文化研究コース用と言語研究コース用の 2 グループに分け、それぞれ電子化した文献を結合した。次に、言語分析ソフトである WordSmith を利用してそれぞれの高頻度リストを作成した。なお、専門性の高いコース別語彙リスト作成という目的のため、英語スキル授業で利用するテキストデータは除外し、44 冊を対象とした。また、単純な高頻度語彙リストではなく、日本人英語学習者のための科学的語彙表を目指して編纂された JACET 8000 を参照し、リスト化する語彙は JACET 8000 の Level 4 以上、すなわち、「大

学受験、大学一般教養の初級レベル」以上の語彙に限定した。そして、各語にはそれぞれJACET8000の難易度レベルを付与し、より利用価値のあるものにした。JACET 8000 の各レベルについては表 1 に示している。

表 1. JACET 8000 の各レベル

	順位	レベル
Level 1	−1000	中学校の英語教科書に頻出する基本的な単語
Level 2	1001–2000	高校初級レベル
Level 3	2001–3000	高等学校の英語教科書レベル
Level 4	3001–4000	大学受験、大学一般教養の初級レベル
Level 5	4001–5000	難関大学受験、大学一般教養レベル
Level 6	5001–6000	英語を専門としない大学生やビジネスマンが目指すべきレベル
Level 7	6001–7000	英語専攻の大学生や英語を仕事で使うビジネスマンが到達目標とするレベル
Level 8	7001–	日本人英語学習者の最終到達目標

　上記の手順に従って対象データベース中の JACET 8000 Level 4 以上の語彙の上位 100 位までの高頻度順リストを作成した（付録1）。また利用した書籍の一覧は付録 2 に記載している。表中の "Raw Freq. (＝ Raw Frequencies)" は純粋な生起数、"N. Freq. (＝ Normalized Frequencies)" はデータ 100 万語中に生起すると予想される頻度をそれぞれ示す。地域文化研究コース用文献は約 315 万語、言語研究コース用文献は約 185 万語であり、各コース用データベースの総語彙数が異なるので、各語彙のコース別の頻度を比較したい場合は、"N. Freq." の数値を利用することで可能である。

　付録 1 から読み取れることは、(1) JACET 8000 Level 1 から 3 の日常基本語彙が除外されているため、両コースに共通する語彙が少ない。この語彙リストからだけでも、学生は地域文化研究コースと言語研究コースでは性質の異なる英文に接することがわかる。(2) どちらのコースのリストも JACET 8000 Level 7、8 の難易度の高い語彙が 10% 以上（地域文化研究コース用文献は 12 語、言語研究コース用文献は 10 語）を占めている。このことから、英語英文学科の専門課程における語彙習得には、JACET 8000 を代表とする市販の単語集がリストアップする語彙を易しい順に学習しても、必ずしも効

率的ではないことがわかる。(3) 言語研究コース用文献のリストには、多く
の言語学専門用語が見受けられる。加えて「N. Freq.」の数値より、それら
の専門用語は繰り返しテキスト中に現れることがわかる。つまり、言語研究
コースを選択した学生は早い段階で高頻度の言語学専門用語を習得すること
により、言語理論の理解といった本質的な学習に多くの時間を費やすことが
可能となるであろう。

3.5.2 Can-Do リストを用いた質問紙調査

　筆者らは本学 1 年生を対象とした Can-Do 調査を 2011 年度から行なって
いたが、ここでは英語英文学科の学生のみを対象とした調査を行なった。英
語英文学科では、Placement Test および前期・後期終了時に TOEIC テスト
の受験を義務付けているが（2016 年度より Placement、2 年次後期、3 年次
後期に変更）、4 年間を通した英語力の測定を行っていない。そこで数多く
の先行研究において TOEIC のスコアと有意な正の相関が認められる
Can-Do リストによる自己評価を学生と企業を対象に行うことで、1 ～ 4 年次
生の自信度の変化および企業の必要とする英語力の比較を行いたいと考えた。
　調査対象者は 2012 年 12 月時点で英語英文学科に在籍する 1 ～ 4 年生の
学生 526 名であった。また比較対象として広島県内にある企業へも協力を依
頼した。企業を選んだ基準は、本学キャリアセンターが行った別のアンケー
ト調査で「英語力」および「留学経験」が大事だと回答した 82 社であった。
　調査は English Testing Service（2010）が開発した Can-do リスト 65 項目
（リスニング、スピーキング、やり取り、リーディング、ライティングの 5
領域）に対して自信度を 5 段階（1: 全くできない～ 5: 問題なくできる）で自
己評価させる方式を採用した。回収したデータのうち欠損値のない学生 279
名、企業 43 社（延べ数）を分析の対象とした。因子分析などの結果を踏ま
え、最終的には 65 項目のうちリスニング 8、スピーキング 10、やり取り
11、リーディング 10、ライティング 10 の計 49 項目を分析した。なお分析
およびグラフの作成には統計ソフトウェアである jamovi を利用した。
　図 1 の横軸の数字は学年および会社、縦軸の数字は自己評価を表してい

る。分析の結果、スピーキングを除くすべての領域において企業が必要と考える英語の自信度が高いという結果になった（図1）。またリーディングにおいては1年次と3年次の自信度の間には有意な差が見られたが、それ以外の領域においては有意な差は見られなかった。このことから、本学の学生はリーディングにおける自信をある程度付けて卒業するものの、それ以外の領域においては顕著な伸びを見せていないということがわかった。ただし図を見てわかるようにデータにはかなりばらつきがあるということには注意する必要がある。

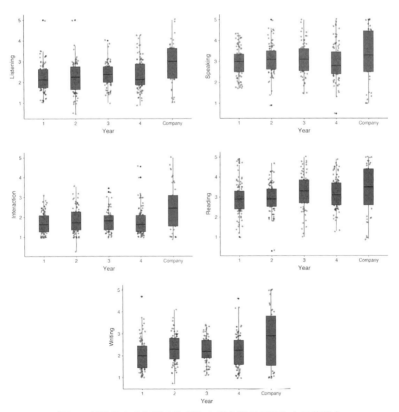

図1．各技能の4年間の伸びおよび企業が必要とする英語力

3.6 2013年度の調査

3.2で述べたように、2013年度当時のカリキュラムにおいては、語彙学習を取り入れた科目が存在しなかった。そこで新カリキュラムでの検討材料にすることを目的として、1年生を対象とした語彙調査を行なった。なお、語彙テストは相澤・望月 (2010) を利用した。対象となったのは英語英文学科1年生132名でそのうち欠損値のない101名を分析対象とした。その結果は1年生の語彙サイズは平均3,997.01語 (SD = 396.52) であり、野中 (2004) で調査した大学生の語彙サイズ3,772.9語と比較すると良い結果が得られた (SD =標準偏差、以下同様)。一方で自身の語彙力を6段階で評価させると入学時は平均3.26 (SD = 0.80) であったのに調査時には2.82 (SD = 0.72) に下降していた。TOEICスコアなどを見るとスコアは上がっているにもかかわらず、自身の語彙力に自信を持てなくなる傾向にあるのである。この調査結果にもとづき、2017年度からの新カリキュラムで新設した科目の中に語彙学習を取り入れることになった。

その他、2014年度には北海学園大学の田中洋也氏、神田外語大学の柴原智幸氏、関西大学の山西博之氏を招聘して、各大学における英語教育改善の試みについてご講演いただいた (所属は講演時のもの)。田中氏、柴原氏については本書にも寄稿していただいている。また2015年度には全学年を対象としたCan-Do調査 (Ozawa, 2018)、2016年度には1年生を対象とした2回目の実態調査を行った (第4章参照)。これらの調査結果を参考にしつつ2017年度からの新カリキュラムがスタートした。

注
1 本章は大澤・水野 (2014) を加筆・修正したものである。

引用文献
Educational Testing Service. (2010). TOEIC Can-Do guide: Linking TOEIC scores to

activities performed using English. https://www.ets.org/Media/Research/pdf/ TOEIC_CAN_DO.pdf

Jamovi project. (2018). jamovi (Version 0.8)［Computer Software］. Retrieved from https://www.jamovi.org

Ozawa, S. (2018). A cross-sectional survey on Japanese English-major university students' confidence in the TOEIC Can-Do list. *TESL-EJ, 21*(4). http://www.tesl-ej.org/pdf/ ej84/a3.pdf

WordSmith (Version 5.0)［ソフトウェア］Lexical Analysis Software.Ltd.

相澤一美・石川慎一郎・村田年.（2005）.『「大学英語教育学会基本語リスト」に基づく JACET8000 英単語』. 桐原書店.

相澤一美・望月正道.（2010）.『英語語彙指導の実践アイデア集』. 大修館書店.

大澤真也・水野和穂.（2014）. 広島修道大学人文学部英語英文学科におけるカリキュラム改善に向けての基礎的研究. 広島修大論集，54(2)，59–73.

野中辰也.（2004）. 日本人大学生の英語語彙サイズ. 新潟星陵大学短期大学部研究報告，34，25–34.

付録 1. コース別高頻度順語彙リスト（上位 100 位）

地域文化研究コース				言語研究コース			
Rank	Word	Raw Freq.	N. Freq.	JACET Level	Rank	Word	Raw Freq.	N. Freq.	JACET Level

Rank	Word	Raw Freq.	N. Freq.	JACET Level	Rank	Word	Raw Freq.	N. Freq.	JACET Level
1	works	1935	613	4	1	used	3502	1890. 4	4
2	writing	1180	373. 8	4	2	learning	3131	1690. 2	4
3	verse	1116	353. 6	4	3	learner	3006	1622. 7	5
4	novelist	1099	348. 2	6	4	vocabulary	2441	1317. 7	5
5	used	985	312. 1	4	5	teaching	2392	1291. 2	4
6	coming	959	303. 8	4	6	verb	2302	1242. 6	5
7	married	754	238. 9	4	7	chapter	2066	1115. 3	4
8	edition	742	235. 1	4	8	writing	1460	788. 1	4
9	merry	741	234. 8	7	9	reading	1406	759	4
10	prose	669	211. 9	6	10	analysis	1196	645. 6	4
11	edit	659	208. 8	4	11	dialect	1177	635. 4	6
12	ed.	650	205. 9	6	12	grammatical	1081	583. 5	6
13	dwarf	608	192. 6	6	13	pronunciation	917	495	7
14	talking	563	178. 4	6	14	terms	914	493. 4	4
15	narrative	562	178	5	15	e.g.	893	482. 1	4
16	living	552	174. 9	4	16	noun	876	472. 9	6
17	continued	539	170. 8	4	17	category	766	413. 5	4
18	standing	522	165. 4	5	18	complement	760	410. 3	6
19	biography	489	154. 9	5	19	i.e.	746	402. 7	4
20	romance	480	152. 1	5	20	spelling	745	402. 2	6
21	printed	456	144. 5	5	21	clause	661	356. 8	4
22	modem	435	137. 8	8	22	qualitative	641	346	7
23	review	428	135. 6	4	23	auxiliary	637	343. 9	8
24	ore	417	132. 1	7	24	instance	624	336. 8	4
25	reading	400	126. 7	4	25	tense	606	327. 1	6
26	thou	397	125. 8	6	26	linguistics	592	319. 6	6
27	waiting	382	121	4	27	pronoun	589	317. 9	8
28	running	377	119. 4	4	28	objective	588	317. 4	4
29	publication	371	117. 5	4	29	reference	581	313. 6	4
30	walking	370	117. 2	6	30	relevant	574	309. 9	4
31	plot	362	114. 7	4	31	interaction	571	308. 2	4
32	thee	359	113. 7	5	32	procedure	554	299. 1	4
33	autobiography	349	110. 6	8	33	variation	532	287. 2	4
34	memoir	348	110. 2	7	34	vs.	529	285. 6	4
35	witch	345	109. 3	5	35	utterance	492	265. 6	5
36	moving	330	104. 5	4	36	lexical	492	265. 6	6
37	notably	319	101. 1	4	37	discourse	482	260. 2	4
38	manuscript	319	101. 1	5	38	constituent	479	258. 6	5
39	influential	318	100. 7	4	39	according	469	253. 2	4
40	established	315	99. 8	4	40	related	458	247. 2	4
41	journal	308	97. 6	4	41	sequence	451	243. 5	4
42	setting	308	97. 6	4	42	applied	447	241. 3	5
43	elf	308	97. 6	7	43	participant	442	238. 6	4

44	finished	304	96.3	6
45	raised	295	93.5	6
46	working	294	93.1	4
47	growing	290	91.9	4
48	thy	288	91.2	6
49	knight	282	89.3	5
50	lyric	280	88.7	7
51	closed	279	88.4	5
52	presently	276	87.4	5
53	added	274	86.8	5
54	rhyme	272	86.2	7
55	opera	270	85.5	4
56	damn	267	84.6	5
57	lad	260	82.4	4
58	earl	257	81.4	4
59	terror	257	81.4	4
60	madam	255	80.8	6
61	poetic	252	79.8	6
62	goddamn	248	78.6	4
63	rising	245	77.6	5
64	creep	242	76.7	4
65	jewel	242	76.7	6
66	fling	241	76.3	5
67	mutter	239	75.7	4
68	genre	237	75.1	6
69	epic	233	73.8	7
70	according	232	73.5	4
71	holding	232	73.5	4
72	puzzle	231	73.2	6
73	publishing	229	72.5	5
74	swift	229	72.5	6
75	notable	226	71.6	4
76	opening	226	71.6	4
77	wit	226	71.6	5
78	politics	221	70	4
79	chapter	220	69.7	4
80	developed	220	69.7	5
81	halt	218	69.1	4
82	expected	215	68.1	4
83	spear	215	68.1	7
84	queer	214	67.8	7
85	pity	212	67.2	4
86	cloak	208	65.9	6
87	flee	205	64.9	4
88	bid	204	64.6	4
89	let's	204	64.6	4
90	chiefly	204	64.6	6
91	associated	203	64.3	5
92	peer	202	64	4
93	duchess	202	64	7

44	involved	433	233.7	4
45	definition	422	227.8	4
46	syntax	421	227.3	7
47	acquisition	408	220.2	4
48	working	401	216.5	4
49	quantitative	395	213.2	6
50	label	389	210	4
51	derive	374	201.9	4
52	adjective	371	200.3	6
53	pronounce	369	199.2	5
54	associated	366	197.6	5
55	variable	361	194.9	4
56	developed	357	192.7	5
57	provided	355	191.6	4
58	usage	354	191.1	5
59	regional	351	189.5	4
60	construction	345	186.2	4
61	distinction	333	179.8	4
62	assessment	328	177.1	4
63	hence	327	176.5	4
64	infinitive	323	174.4	7
65	component	321	173.3	4
66	questionnaire	320	172.7	5
67	curriculum	317	171.1	4
68	merge	316	170.6	5
69	comprehension	313	169	7
70	journal	308	166.3	4
71	methodology	304	164.1	5
72	input	301	162.5	4
73	oral	297	160.3	4
74	corpus	292	157.6	6
75	addition	287	154.9	4
76	bracket	287	154.9	5
77	review	283	152.8	4
78	talking	281	151.7	6
79	progressive	277	149.5	4
80	competence	277	149.5	5
81	required	275	148.4	5
82	dialogue	273	147.4	4
83	motivation	267	144.1	4
84	expected	264	142.5	4
85	works	261	140.9	4
86	testing	261	140.9	5
87	criterion	260	140.4	4
88	syllabus	259	139.8	6
89	singular	259	139.8	8
90	repetition	249	134.4	5
91	validity	247	133.3	5
92	finite	247	133.3	7
93	semantic	246	132.8	5

94	doom	199	63	6	94	setting	245	132. 3	4
95	publisher	198	62. 7	4	95	theoretical	241	130. 1	4
96	sexual	197	62. 4	4	96	imply	239	129	4
97	pope	196	62. 1	4	97	ending	237	127. 9	5
98	repeated	196	62. 1	6	98	bilingual	232	125. 2	<u>8</u>
99	noble	195	61. 8	5	99	mixed	229	123. 6	4
100	radical	194	61. 5	4	100	feedback	229	123. 6	5

付録 2. 分析に用いた文献リスト

1)「地域文化研究コース」用

S. Anderson, *Winesburg, Ohio* (Penguin Classics)

P. Auster, *Ghost* (IBC パブリッシング)

A. Christie, *Poirot Investigate* (Harper Collins)

A. Christie, *Collected Short Stories* (Harper Collins)

J. Culler, *Literary Theory* (Oxford University Press)

C. Dickens, *A Christmas Carol* (Penguin Classics)

M. Drabble, *The Oxford Companion to English Literature* (Oxford University Press)

W. Golding, *Lord of the Flies* (Faber and Faber)

E. Hemingway, *The Sun Also Rises* (Scribner)

O. Henry, 『O. ヘンリー短編集』(講談社インターナショナル)

H. James, *Washington Square* (Penguin Classics)

J. Joyce, *Dubliners* (Penguin Classics)

D.H. Lawrence, *Sons and Lovers* (Penguin Classics)

C.S. Lewis, *The Chronicles of Narnia* (Harper Collins)

K. Mansfield, *The Garden Party and Other Short Stories* (Penguin Classics)

W.S. Maugham, *The Moon and Sixpence* (Penguin Classics)

J.D. Salinger, *The Catcher in the Rye* (Little, Brown and Company)

J. Steinbeck, *Of Mice and Men* (Penguin Books)

G.C. Thornley & G. Roberts, *An Outline of English Literature* (英潮社)

J.R.R. Tolkien, *The Lord of the Rings* (Houghton Mifflin)

O. Wilde, *Complete Shorter Fiction* (Oxford World's Classics)

O. Wilde, *The Picture of Dorian Gray* (Penguin Classics)

O. Wilde, *Salome* (英光社)

2)「言語研究コース」用

J. Aitchison, *Linguistics* (ひつじ書房)

H.D. Brown, *Teaching by Principles: An Interactive Approach to Language Pedagogy*

（Pearson Longman）

L. Bauer & P. Trudgill, *Language Myths*（Penguin Books）

B. Bryson, *Made in America*（金星堂）

R. Carter *et al.*, *Working with Texts: A Core Introduction to Language*（Routledge）

D. Crystal, *The English Language: A Guided Tour of the Language*（Penguin Books）

D. Crystal, *Txtng: The Gr8 Db8*（Oxford University Press）

A. De Swan, *Words of the World*（Polity Press）

Z. Dorney, *Research Methods in Applied Linguistics*（Oxford University Press）

J. Holmes, *An Introduction to Sociolinguistics*（Pearson Longman）

A.P.R. Howatt, *A History of English Language Teaching*（Oxford University Press）

D.E.Kluge & M.A.Taylor, *Basic Steps to Writing Research Papers*（Thompson Learning）

G. Leech, *Meaning and the English Verb* 3rd ed. （ひつじ書房）

P. Nation, *Learning Vocabulary in Another Language*（Cambridge University Press）

A. Radford, *Syntactic Theory and the Structure of English*（Cambridge University Press）

J.C. Richards & T.S. Rodgers, *Approaches and Methods in Language Teaching*（Cambridge University Press）

E.M.Rickerson & B.Hilton, *The Five-Minute Linguist*（Equinox）

N. Schmitt & R. Marsden, *Why Is English Like That*?（The University of Michigan Press）

P. Trudgill, *Sociolinguistics: An Introduction to Language and Society*（Penguin Books）

A.Wray & A.Bloomer, *Project in Linguistics: A Practical Guide to Researching Language*（Hodder Education）

G. Yule, *Pragmatics*（Oxford University Press）

コラム1
共通教育における新英語カリキュラム

福元広二

　2017年度より広島修道大学では新しいカリキュラムが実施されている。前回の改定は2011年度であったので、実に6年ぶりの改定となる。ここでは、今年度より実施されている2017年度カリキュラムの中でも、特に共通教育における新しい英語のカリキュラムについてポイントを絞って紹介することにする。本学において共通教育の英語カリキュラムを採用しているのは、商学部・法学部・経済科学部・人間環境学部・健康科学部の5つの学部と人文学部の人間関係学科と教育学科である。人文学部の英語英文学科だけは、共通教育の英語カリキュラムを採用しておらず、英語英文学科所属の専任教員が学科独自のカリキュラムに基づいて授業を行っている。それで、ここでの共通教育における英語カリキュラムとは、英語英文学科以外の学科におけるカリキュラムのことを指している。今回の英語カリキュラム改定のポイントを以下の3点に絞って解説する。

1. 「修道スタンダード」から「外国語科目（英語）」へ

　従来のカリキュラムでは、1年次に履修する英語科目である「英語Ⅰ、Ⅱ、Ⅲ、Ⅳ」は、大きなくくりとして「修道スタンダード」の区分の中に含まれていた。「修道スタンダード」とは、「広島修道大学スタンダード科目」の略称であり、大学が掲げる教育理念である「地域社会の発展に貢献する人材の育成」、「地球的視野を持つ人材の育成」、並びに「個性的かつ自律的な

人材の育成」を実現するための基礎科目のことである（『2017 学修の手引き』より）。この区分に含まれる科目としては、「修大基礎講座」、「初年次セミナー」、「大学生活とキャリア形成」などがあり、これらは履修必修となっている。その他にも「情報処理入門」などが開講されている。これは、本学において地球的視野を持つ人材を育成するという理念の下で 1 年次の共通教育における英語の授業が重視されていたことを意味している。

　今回改定された 2017 年度新カリキュラムにおいては、1 年次の共通教育における英語科目が、「修道スタンダード」から「共通教育科目」の枠組みの中へと移された。「共通教育科目」は、「修道スタンダード」とは別の区分であり、すべての学部で「教養科目」、「外国語科目」、「保健体育科目」から成り立っている。これらの中の、「外国語科目（英語）」の中にすべての共通教育における英語が入れられた。これは、1 年次の共通教育における英語が「修道スタンダード」から外れたことで、英語の授業を軽視することではなく、1 年次の英語科目も 2 年次の英語科目も同じ「外国語科目（英語）」という枠の中に入ったという点で、非常にわかりやすくなったのである。

2. 授業科目の名称変更

　2 つ目の改定のポイントは、授業科目の名称変更である。従来の 1 年次の英語科目は、「英語Ⅰ、Ⅱ、Ⅲ、Ⅳ」であったが、2017 年度カリキュラムからは、「英語リスニングⅠ～Ⅵ」、「英語リーディングⅠ～Ⅵ」の 2 種類に分かれた。「英語リスニングⅠ～Ⅵ」の授業の概要は、「リスニング（音声インプット）を中心に基本的な英語コミュニケーション能力を身に付けることを目的とします。基本的な文法事項をおさえつつスピーキング、ライティングなどのアウトプットへの発展を意識して、バランスのとれた 4 技能の習得を目指します。」（『2017 履修の手引き』より）と具体的にリスニング中心のクラスであることが明記されている。一方、「英語リーディングⅠ～Ⅵ」は、リーディングを中心に基本的な英語コミュニケーション能力を身に付けることを目的としている。このように今回の改定では、英語の 4 技能のう

ちで、特に1年次には、リスニングとリーディングを中心にしながら英語のコミュニケーション能力を総合的に伸ばすことを目指している。

2年次の英語科目についても変更が行われた。それは、「アクティブ・イングリッシュⅠ・Ⅱ」の導入である。これは、英語のレベル分けで、レベル1と判定された学生が2年次に受講する科目である。従来のカリキュラムでは、「総合英語Ⅰ・Ⅱ」という名称で、英語の4技能を総合的に学習するという授業科目であった。しかし、今回のカリキュラムには最近の英語教育において脚光を浴びている「アクティブ・イングリッシュⅠ・Ⅱ」という科目が導入された。「アクティブ・イングリッシュⅠ・Ⅱ」の授業の概要は、「能動的に英語学習に取り組み、学んだ英語を積極的にアウトプットする習慣を身に付けていきます。グループ内で自分を客観的に見つめることで、自分が得意な技能、苦手な技能等を認識し、自分に向いた英語学習方法を見出すことを目指します。」（『2017履修の手引き』より）と書かれており、授業内にグループ活動を取り入れることが求められている。この授業科目は、2年次生の科目であるので、実際にスタートするのは2018年度からである。

3. レベル分けの明確化

今回のカリキュラム改定の3つ目のポイントは、2017年度カリキュラムからナンバリング制度が導入されたことに伴い、英語のレベル分けを明確にしたことである。本学では、大学入学時に英語のレベル判定のために、英語の能力試験を実施して、英語のレベルをレベル1からレベル3に区分している。学生は、それぞれのレベルに応じて受講科目名が異なるようになったので、それぞれのレベルに応じた授業科目を受講することとなった。

また最もレベルの高いレベル4の科目にも変更が行われた。従来のカリキュラムにおけるレベル4は、入学後に受験したTOEICやTOEFLの成績によりレベル4と判定され、「アドバンスト英語」という科目を履修することができた。この科目は、英語圏からの留学生と一緒に英語を使って英語を受ける授業であった。これまでのカリキュラムでは、レベル4の学生は

受講できる科目が少なかった。今回の改定では、レベル4の学生の受講できる科目が増えたことが特徴である。例えば、「英語コミュニケーション研究Ⅴ・Ⅵ」においては、「英語で話されたり書かれたりしたことばを通して効果的にコミュニケーションする能力を養うことを目的とします。共感、信頼関係の構築、攻撃や批判の処理、困難な状況の中でのコミュニケーションといったより高度なコミュニケーション技術について学びます。」(『2017 履修の手引き』より）とあり、また、「資格英語研究Ⅴ・Ⅵ」では、「TOEIC テスト，英検などの英語資格試験における上位レベルの難易度の高い聴解，読解，会話表現などを出題形式の問題で取り上げ，さらに発展的な英語能力を養成することを目的とします。」(『2017 履修の手引き』より）と上位レベルの学生が履修しやすくなったことが特徴である。

　以上、2017 年度よりスタートした共通教育における新しい英語カリキュラムについて3つのポイントに絞って解説してきた。今回の改定もこれまでと同様に、学生が英語の授業に今まで以上に満足し、英語能力が更に向上するようになるのを期待してのことであり、これらの目的が達成されることを願ってやまない。

第 4 章
英語英文学科 1 年生の英語学習に関する 実態調査[1]

中西大輔・大澤真也

4.1 はじめに

　第 3 章でも述べたように、2016 年度には英語英文学科の学生を対象とした英語学習に関する実態調査を行った。本調査は、英語学習への関心や態度、留学への関心などをたずねる項目を利用し、英語英文学科 1 年生の英語学習に対する態度や行動を網羅的に調査したものである。

4.2 調査方法および手続き

　調査は 2017 年 1 月 19 日に行った。調査対象者となったのは英語英文学科に在籍する 1 年生 121 名で、そのうち 114 名（男性 35 名、女性 78 名、不明 1 名）が調査に回答した（回収率 94%）。1 年生を対象とした初年次教育科目の時間中に質問紙を配布し、集団回答方式で行った。調査項目は出身高校、留学に関する項目（7 項目。国際センターの行う説明会への参加の有無も含む）、入試に関する項目（4 項目）、サークルに関する項目（2 項目）、学内イベントへの参加に関する項目（2 項目）、アルバイトに関連する項目（2 項目）、通学に関する項目（3 項目）、授業外の英語学習に関する項目（ICT 学習を含む 4 項目）、BALLI（the Beliefs About Language Learning Inventory）の動機づけにかかわる 5 項目（Horwitz, 1987; 中山（2010）による訳）、Lai, Zhu, and Gong（2015）による ICT を利用した英語学習に関する 23 項目、英語学習に関する態度を測定する本研究独自の 2 項目、関西調査（苅谷・清水・志水・諸田, 2002）で用いられた階層質問（5 項目）、英語学習の動機に

ついてたずねる 4 項目、高校の時に使った教科書、自由記述からなる（付録 1）。また、それぞれの学生が受験した TOEIC のスコア 3 回分（2016 年度の実施で、1 回目は 3 月、2 回目は 7 月、3 回目は 1 月に実施されたものである）も分析に用いている。

4.3　大学 1 年生の実態

　ここでは調査対象となった大学 1 年生の属性について確認していくことにする。

4.3.1　留学経験

　留学経験のある者は 18 名、ない者は 95 名（未回答 1 名。経験率 16%）であった。留学先でもっとも多かったものはオーストラリアで 8 名、ついでアメリカが 5 名、カナダが 3 名であった（複数回答あり）。留学期間は 7 日間から 56 日間まで分布していた。今後の予定を尋ねたところ、在学中に留学する予定のある者は 59 名、ない者は 54 名であった（未回答 1 名。予定率 52%）。これまでの経験と今後の予定でクロス集計を行ったところ、経験のなかった者で今後予定している者は 46 名、していない者は 48 名であった。一方、経験している者については、さらに今後予定している者が 12 名、していない者が 6 名であった。114 名のうち、48 名が留学経験・予定ともにないということがわかった。予定している者でもっとも多い渡航先はアメリカ 23 名、ニュージーランド 13 名、イギリス 7 名であった。

4.3.2　入試

　「どの入試形態で広島修道大学に入学しましたか？」に対する回答では、一般入学試験が 71 名（うち 6 名はセンター利用入試も受験）、AO が 21 名、指定校推薦が 13 名、センターが 13 名、その他が 8 名であった。広島修道大学が第一希望の大学であったかたずねたところ、54 名が第一希望、60 名がそれ以外であった。いわゆる不本意入学の学生が半数以上を占めていることがわかる。広島修道大学が第一希望ではなかった学生のうち、最も多かっ

た第一希望大学は広島市立大学の 16 名であった（うち 1 名は県立広島大学
も併記）。第 2 位は県立広島大学で 14 名（うち 1 名は広島市立大学も併記）、
第 3 位は北九州市立大学の 10 名、第 4 位は広島大学の 5 名、第 5 位は山口
大学の 3 名であった。不本意入学の学生の多くは近隣の公立大学との併願
であったことがわかる。

4.3.3 サークル

　体育局が 10 名（うち 1 名は文化局も併記）、文化局が 41 名（文化局を併記
した者、任意団体を併記した者がそれぞれ 1 名）、任意団体が 17 名（うち 1
名は文化局を併記）、学友会が 4 名、どこにも所属していない者が 39 名、
未回答が 5 名であった（サークルへの所属率 64%）。もっとも所属している
学生が多いサークルは ICL（国際交流サークル）であった（23 名）。

4.3.4 留学説明会への参加

　広島修道大学の国際センターが行なっている留学関係の説明会に参加した
ことがあるかどうかたずねたところ、参加した者が 42 名、しなかった者が
72 名であった（参加率 37%）。なお、しなかった者の中で 12 名が「知らな
かったので参加したことがない」と回答していた。

4.3.5 イベントへの参加

　大学の授業以外で、学内イベント（講演会、交流イベント、留学生が教え
る語学講座など）に参加したことがある学生は 56 名（49%）であり、参加経
験のない者に参加したいイベントを自由に挙げさせたところ、語学講座が 9
名、交流関係（交流イベント、交流会、自由にトークするイベントなど）が
7 名であった。

4.3.6 アルバイト

　アルバイトについては、授業料や生活費を稼ぐためにしている者が 55
名、小遣いのためにしている者が 49 名、していない者が 10 名であった。

アルバイトをしている学生は週に平均して 15.85 時間 ($SD = 7.29$) 働いていた (図 1)。なお、生活費を稼ぐためにアルバイトをしている者の労働時間は週 17.17 時間 ($SD = 8.48$)、小遣いのためにしている者の労働時間は週 14.34 時間 ($SD = 5.32$) であった (縦軸の Frequency はそれぞれ頻度を表す、以下同様)。

4.3.7 通学形態および通学時間

自宅から通っている者が 94 名、一人暮らしをしている者が 19 名、祖父母の家から通っている者が 1 名であった。通学時間の平均は 59.11 分 ($SD = 31.90$)、自宅から通っている者で 67.18 分 ($SD = 29.33$)、一人暮らしの者で 21.21 分 ($SD = 5.53$) であった (図 2)。

4.3.8 授業外学習

過去半年間、授業以外で英語学習をした時間は平均 1 日あたり 59.32 分 ($SD = 42.37$) であった (図 3)。学習時間が 0 の学生は 3 名、10 分以内の学生は 11 名であった。インターネットやスマートフォンなど (ICT) を利用し

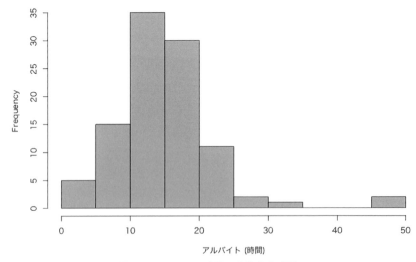

図 1. アルバイト時間の度数分布 (週)

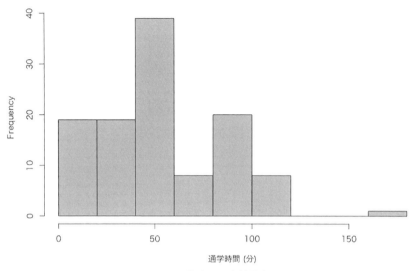

図 2．通学時間の度数分布

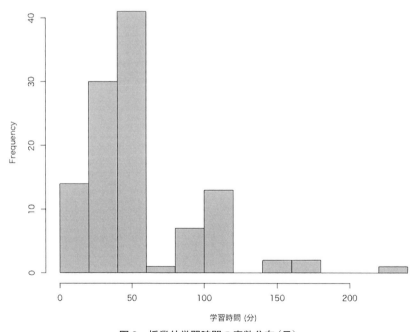

図 3．授業外学習時間の度数分布（日）

た英語学習を行なった者は 59 名であった (利用率 52%)。また、ICT 学習時間の平均は 28.76 分 ($SD = 20.91$) であった (図 4)。なお、学習時間が 0 の学生が 55 名であり、10 分以内の学生が 73 名であった。

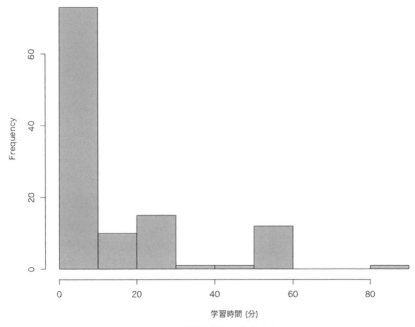

図 4. ICT 学習時間の度数分布

4.4 英語学習にかかわる尺度データの分析

ここでは 4 件法あるいは 5 件法のリッカート尺度でたずねた心理尺度の結果についてみていくことにする。

4.4.1 BALLI の動機づけ

BALLI (the Beliefs About Language Learning Inventory; Horwitz, 1987) の動機づけにかかわる 5 項目について平均値と標準偏差を算出した (表 1)。これらの項目は 5 段階 (1: まったくそう思わない〜 5: 非常にそう思う) でたず

ねており、値が高いほど動機づけが高いことを意味している。平均値は
4.04 から 4.88 の値に収まっており、全体的に極めて高いことがわかる。ク
ロンバックの α 係数を算出したところ、$\alpha = .64$ の値が得られた。十分な信
頼性とは言えないが、最低限の信頼性は有していると判断し、以下の分析で
は平均した値を用いる[2]。平均化した BALLI の平均値は 4.50 ($SD = 0.49$)
であった。

表 1. BALLI の動機づけ項目
(1: まったくそう思わない～ 5: 非常にそう思う)

	平均	SD
日本人にとって英語を話すことは重要だと思う。	4.61	0.63
私は英語圏の人たちのことをより知りたいので英語を勉強している。	4.04	1.07
英語ができればより良い仕事に就けるチャンスに恵まれると思う。	4.61	0.57
私は英語を上手に話せるようになりたい。	4.88	0.46
私は英語圏の友だちが欲しい。	4.37	0.93

4.4.2 英語学習に対する態度

英語学習に対する態度をたずねるために Lai et al.(2015) より「上手に英語
学習をすることに関しては自信がある」、「英語学習は楽しい」の 2 項目を
たずねている。また、本調査で独自に設けた項目として「将来は英語力を活
かせる仕事に就きたい」、「入学時に比べると英語力は下がった」の 2 項目
もたずねている (表 2)。これらも同様に 5 段階尺度であった。「上手に英語
学習をすることに関しては自信がある」については平均 2.62 と中点を下
回ったが、「入学時に比べると英語力は下がった」についても同様に 2.74
と低く、英語力が下がったわけではないが、英語学習のスキルには肯定的に
なれない様子がわかる。一方、「英語学習は楽しい」については 3.95、「将
来は英語力を活かせる仕事に就きたい」については 4.23 と比較的高い値が
得られ、基本的には英語学習に対して肯定的な態度を持っていることが明ら
かとなった。

表 2. 英語学習に対する態度項目

(1: まったくそう思わない〜 5: 非常にそう思う)

		平均	SD
上手に英語学習をすることに関しては自信がある。	Lai et al.	2.62	1.02
英語学習は楽しい。	Lai et al.	3.95	0.99
将来は英語力を活かせる仕事に就きたい。	独自	4.23	0.93
入学時に比べると、英語力は下がった。	独自	2.74	1.27

4.4.3 ICT を利用した英語学習について

次に、Lai et al. (2015) で用いられている項目を利用し、課外のテクノロジーの活用についてたずねた (表3)。この尺度は、「英語学習に対してマイナスの感情を抱いてしまったときには、インターネットのサービスやSNS、アプリなどを使って気持ちを持ち直している」などの6項目からなる自己制御、「困難を乗り越えて英語学習における最終目標を達成するために、インターネットのサービスや SNS、アプリなどは役に立つ」などの3項目からなるゴール、「オンラインでチャットしたり英語を読んだりして、自分の英語力のレベルをチェックしている」などの3項目からなるメタ認知[3]、「インターネットのサービスや SNS、アプリなどを使った面白い英語学習教材や体験ができる場所をいつも積極的に探している」などの6項目からなる資源、「インターネットのサービスや SNS、アプリなどを使って、英語圏の人と交流している」などの3項目からなる交流といった5つの下位尺度から構成されている。

自己制御について平均値を算出したところ、「インターネットのサービスや SNS、アプリなどを使うと、英語学習がもっと楽しくなる」以外はすべて中点の3を下回った。これら6項目についてクロンバックの α 係数を算出したところ、α = .86 の値が得られ、高い内的整合性が認められたため、平均化して合成した。

ゴールの3項目は動機づけを高く保つために ICT を利用する傾向を測定している。平均点はいずれも中点の3点程度であったが、「インターネットのサービスや SNS、アプリなどを使ってオンラインで英語を読んだり英語

圏の人と交流したりすることによって、英語学習の最終目標を達成できるように頑張っている」については平均が 2.87 で前 2 者の「役に立つ」項目より低い傾向にあった。これら 3 項目についてクロンバックの α 係数を算出したところ、α = .86 の値が得られ、高い内的整合性が認められたため、以下の分析では平均化して扱う。

　メタ認知の 3 項目は自身のレベルのチェックや目標達成のために ICT を用いる傾向を示している。この項目群も全般的に値が低く、特に「インターネットのサービスや SNS、アプリなどを使って、それぞれの時期にどんな英語学習を行えば良いか決めている」については平均値が 2.00 と最も低かった。これら 3 項目の α 係数は α = .80 で十分高い値が得られたので、以下の分析では平均したものを用いる。

　資源は ICT を利用した英語学習に関する情報収集の傾向を測定する項目である。この傾向についても全体的に値が低く、平均値が 3 を超えたものはなかった。α 係数は α = .93 であり、十分に高い信頼性が得られたため、以後の分析では平均化したものを用いる。

　交流は ICT を利用して英語話者や英語学習者とネットワークを形成する傾向を測定する項目である。平均値は 1 点台後半から 2 点台前半と非常に低くなっている。α 係数は α = .93 と高い値が得られ、以降平均化したものを分析に用いる。

表 3．課外テクノロジーの利用

（1: まったくそう思わない～ 5: 非常にそう思う）

		平均	SD
英語学習に対してマイナスの感情を抱いてしまったときには、インターネットのサービスや SNS、アプリなどを使って気持ちを持ち直している。		2.70	1.20
英語学習に対してマイナスな感情を抱いてしまわないように、インターネットのサービスや SNS、アプリなどを積極的に活用している。	自己制御	2.69	1.10
インターネットのサービスや SNS、アプリなど使って楽しく英語を勉強している。		2.94	1.25
ネットで他の人とチャットしたりオンラインの英語教		2.34	1.18

材を読んだりすることで、英語学習に対する自信を高めている。		
インターネットのサービスや SNS、アプリなどを使うことで、英語学習に対する興味や熱意を持続させている。英語力が上がったかどうか不安なときには、オンラインで英語を読んだりチャットをしたり、誰かに助けを求めたりしている。	2.31	1.17
インターネットのサービスや SNS、アプリなどを使うと、英語学習がもっと楽しくなる。	3.17	1.16
困難を乗り越えて英語学習における最終目標を達成するために、インターネットのサービスや SNS、アプリなどは役に立つ。	3.34	1.14
英語学習における最終目標を効果的かつ効率的に達成するために、インターネットのサービスや SNS、アプリなどは役に立つ。 ゴール	3.39	1.13
インターネットのサービスや SNS、アプリなどを使ってオンラインで英語を読んだり英語圏の人と交流したりすることによって、英語学習の最終目標を達成できるように頑張っている。	2.87	1.17
オンラインでチャットしたり英語を読んだりして、自分の英語力のレベルをチェックしている。	2.35	1.18
インターネットのサービスや SNS、アプリなどを使って、それぞれの時期にどんな英語学習を行えば良いか決めている。 メタ認知	2.00	1.00
インターネットのサービスや SNS、アプリなどを使って、英語学習における自分の弱点を克服することができる。	2.72	1.16
インターネットのサービスや SNS、アプリなどを使った面白い英語学習教材や体験ができる場所をいつも積極的に探している。	2.55	1.26
もっと英語を勉強するための素材が欲しいときにはインターネットのサービスや SNS、アプリなどを使って探す。	2.81	1.29
インターネットのサービスや SNS、アプリなどを使って、教室の外での英語学習経験を増やしている。 資源	2.63	1.26
インターネットのサービスや SNS、アプリなどを使って、英語を勉強したり使ったりする機会を増やしている。	2.65	1.22
インターネットのサービスや SNS、アプリなどを使って、いつでもどこでも英語が勉強できるようにしている。	2.75	1.28

インターネットのサービスや SNS、アプリなどを使って、いろんなサイトや人から英語に関する手助けをしてもらっている。		2.53	1.26
インターネットのサービスや SNS、アプリなどを使って、英語圏の人と交流している。		2.25	1.30
インターネットのサービスや SNS、アプリなどを使って、世界中にいる英語学習者と交流している。	交流	2.04	1.16
インターネットのサービスや SNS、アプリなどを使って、世界中にいる英語学習者から励ましてもらったりサポートしてもらったりしている。		1.89	1.01

4.4.4　社会階層に関連する分析

　学生が属する社会階層が英語学習に与える影響について検討するため、前述の関西調査で用いられた項目を用いた（表4）。なお、「家にはコンピュータ（デスクトップパソコンかノートパソコン）がある」については、1件未回答があったのみで、全員が「はい」と回答していたので、以後の分析からは除外する。それ以外の4項目については4段階でたずねており（1: 全くない～ 4: 頻繁にある）、数値が高いほど社会階層が高いことを意味する。なお、これら4項目のα係数は.50で低いため、項目ごとに分析をすることにする。なお、各項目の平均値は「家の人が手作りのお菓子を作ってくれる」が2.16で最も低く、「家の人はテレビでニュース番組を見る」が3.69で最も高かった。

4.4.5　その他の調査項目

　英語を勉強する目的について検討するため、「英語を勉強してできるようになりたいことは何ですか？」という項目への回答（複数回答）を求めた（表5）。その結果、「ネイティブと交流したい」項目を選んだものが最も多かった（選択率85%）。「英語で小説を読めるようになりたい」については、44名（39%）しか選択しておらず、「映画を字幕なしで見られるようになりたい」を選んだ者87名（77%）に比べると非常に少ない。「その他」として自由記述を設けたところ、「アメリカに住むいとこと話したい」「広島を案内し

たい」「理解したい」など他者との交流に関するもの、「通訳の技術を身につけたい」「ビジネス英語を理解できるようになりたい」「他人に英語を教えれる（原文ママ）ようになりたい」などの仕事に関連するものなどが見られた。

表4. 社会的階層項目
（1: 全くない～ 4: 頻繁にある）

	平均	SD
家の人はテレビでニュース番組を見る	3.69	0.57
家の人が手作りのお菓子を作ってくれる	2.16	0.98
小さいとき、家の人に絵本を読んでもらった	3.14	0.87
家の人に博物館や美術館に連れていってもらったことがある	2.50	0.77

表5. 英語を勉強する動機（複数回答）

	Yes	No	未回答
英語で小説を読めるようになりたい	44	69	1
映画を字幕なしで見られるようになりたい	87	26	1
ネイティブと交流したい	96	17	1

4.5　TOEIC スコアの分析

3回行った TOEIC スコアの平均値を算出したところ、1回目が 389.25（$SD = 96.42$）、2回目が 455.22（$SD = 98.59$）、3回目が 451.27（$SD = 101.91$）であった（なお、いずれの回においても有意な性差は検出されていない）。一要因の分散分析を行なったところ、実施時期の主効果が有意となり（$F(2, 82) = 21.33, p < .01, \eta^2 = 0.08$）、下位検定を行ったところ、1回目と2回目、1回目と3回目の間に5%水準で有意差が検出されたが、2回目と3回目の間には検出されなかった。合計スコアは1回目から2回目にかけて大きく上がり、3回目で若干下がる傾向にあった。なお、Listening と Reading に分けてみると、2回目から3回目までの低下は Listening で顕著であった。なお、1回目は受験者が 113 名、2回目は 45 名、3回目は 102 名と、特に2回目の受験者が少ないことには留意する必要がある。図5、図6、図7は男女ごとの TOEIC スコアの推移をバイオリンプロットで描画し

第 4 章　英語英文学科 1 年生の英語学習に関する実態調査　63

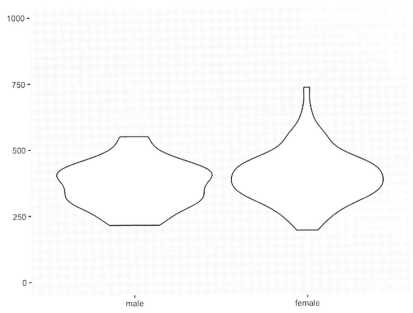

図 5．TOEIC スコアのバイオリンプロット（1 回目）

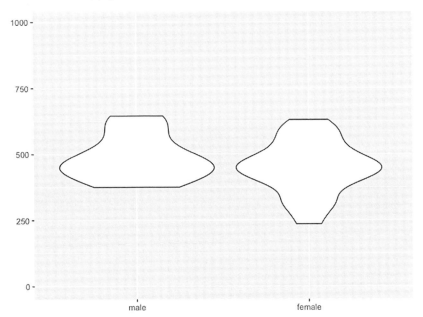

図 6．TOEIC スコアのバイオリンプロット（2 回目）

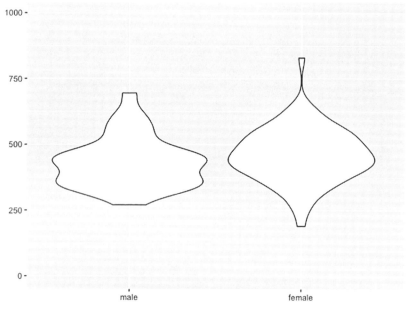

図 7. TOEIC スコアのバイオリンプロット（3 回目）

たものである[4]。

ここでは、TOEIC スコアをとりあえずの英語力の指標と捉え、どのような変数と関連しているかを検討する。以下では特に影響しそうな留学経験・予定と入学試験について検討し、各種心理変数との相関を算出している。

4.5.1 留学との関係

まず、これまでの留学経験の有無によってスコアの高低に差が見られるかどうかを検討した（表6）。2（留学経験）× 3（受験時期）の分散分析を行ったところ、受験時期の主効果（$F(2, 80) = 23.98$, $\eta^2 = .08$, $p < .01$)、留学経験と受験時期の交互作用（$F(2, 80) = 3.99$, $\eta^2 = .01$, $p < .05$）が有意であった。留学経験の主効果は有意ではなかった（$F(1, 40) = 0.02$, $\eta^2 = .00$, $ns.$）。受験時期については、1回目と2回目の間に5%水準で差が検出されたが、2回目と3回目の間には有意差が得られなかった。交互作用パタンに

ついて下位検定を行ったが、留学経験の有無いずれでも 1 回目と 2 回目の間にのみ有意差が得られた ($p < .05$)。

次に留学予定があるかどうかで TOEIC スコアに差があるかどうかを確認した（表 7）。留学予定と受験時期を独立変数、TOEIC スコアを従属変数とした分散分析を行ったところ、留学予定の主効果（$F (1, 40) = 3.89$, $\eta^2 = .07$, $p < .10$）と受験時期の主効果（$F (2, 80) = 19.58$, $\eta^2 = .07$, $p < .01$）が得られたが、交互作用は有意ではなかった（$F (2, 80) = 1.44$, $\eta^2 = .01$, $ns.$）。

表 6. TOEIC スコアと留学経験

	1 回目	2 回目	3 回目
留学経験あり	355.00	481.42	448.57
($N = 7$)	(60.14)	(94.64)	(54.14)
留学経験なし	402.14	455.29	455.29
($N = 35$)	(92.77)	(97.75)	(97.75)

（括弧内は SD）

表 7. TOEIC スコアと留学予定

	1 回目	2 回目	3 回目
留学予定あり	408.13	487.71	468.33
($N = 24$)	(105.75)	(96.65)	(110.23)
留学予定なし	375.83	422.22	408.61
($N = 18$)	(59.09)	(85.29)	(83.93)

（括弧内は SD）

4.5.2 入学試験との関係

大学に入学を決めた入試形態を AO や指定校などの推薦と一般入学試験及びセンター試験とで分けたところ、前者が 36 名、後者が 78 名であった。これらの入試形態と TOEIC スコアの間に関連があるかどうかを検討するため、入試形態と受験時期を独立変数、スコアを従属変数とした分散分析を行った（表 8）。入試形態の主効果（$F (1, 40) = 11.42$, $\eta^2 = .17$, $p < .01$）、受験時期の主効果（$F (2, 80) = 16.32$, $\eta^2 = .06$, $p < .01$）はいずれも有意と

なったが、交互作用は検出されなかった（$F_{(2, 80)} = 0.90$, $\eta^2 = 0.00$, $ns.$）。どの時期のスコアであっても、一般・センター群の方が推薦群よりもスコアが高いという結果が得られ、またその差は100程度であった。

次に、入試形態を、広島修道大学が第一志望の大学であったか否かに置き換えた分析を行った（表9）。志望順位の主効果（$F_{(1, 40)} = 4.86$, $\eta^2 = .08$, $p < .05$）、受験時期の主効果（$F_{(2, 80)} = 22.68$, $\eta^2 = .08$, $p < .01$）、交互作用（$F_{(2, 80)} = 3.61$, $\eta^2 = .01$, $p < .05$）がいずれも有意となった。全体的に第2志望以下の学生のスコアが高く、また下位検定の結果、1回目の段階では第一志望と第二志望以下との間に有意差は得られなかったが、2回目及び3回目で有意差が検出された。

表8．TOEIC スコアと入試形態

	1回目	2回目	3回目
推薦	347.50	395.36	379.29
($N = 14$)	(88.75)	(108.74)	(111.35)
一般・センター	417.68	491.79	474.46
($N = 28$)	(81.41)	(72.55)	(83.92)

（括弧内は SD）

表9．TOEIC スコアと志望順位

	1回目	2回目	3回目
第一志望	380.95	420.95	408.57
($N = 21$)	(86.55)	(102.72)	(105.73)
第二志望以下	407.62	498.33	476.90
($N = 21$)	(92.19)	(73.73)	(90.37)

（括弧内は SD）

4.5.3 変数間の相関関係

TOEIC のスコアと BALLI の動機づけ（合成変数）、英語学習に対する態度項目（自信、楽しさ、仕事、英語力低下の4項目）、ICT 関連の変数（課外テクノロジーの利用についての5つの下位尺度の合成変数）との相関を検討した（表10）。TOEIC スコアは3回とも BALLI の動機づけとは相関関係が

得られなかった（ただし、3回目については有意ではないものの.28の弱い相関が得られている）。自信（「上手に英語学習をすることに関しては自信がある」）と楽しさ（「英語学習は楽しい」）は3回目のTOEICスコアと正の相関を示していた。一方、仕事（「将来は英語力を活かせる仕事に就きたい」）については3回のTOEICスコアいずれとも正の相関が得られている。課外のテクノロジーの活用については、いずれのTOEICスコアとも有意な相関が得られていないが、楽しさとはすべての下位尺度で有意な正の相関が得られた。また、BALLIの動機づけとも一部の下位尺度で有意な正の相関が得られた。

表 10. TOEIC スコアと各心理変数との相関

	TOEIC（2）	TOEIC（3）	BALLI	自信	楽しさ	仕事	英語力低下	自己制御	ゴール	メタ認知	資源	交流
TOEIC（1）	**.69**	**.79**	.17	.30	.18	**.34**	-.02	.04	.02	.06	.12	.04
TOEIC（2）		**.80**	.06	.33	.28	**.50**	-.26	.20	.14	.15	.34	.04
TOEIC（3）			.28	**.42**	**.32**	**.47**	-.23	.21	.15	.17	.29	.15
BALLI				**.35**	**.48**	**.46**	-.17	**.42**	.21	.26	**.38**	**.30**
自信					**.40**	**.39**	-.21	**.31**	.23	**.35**	.30	.27
楽しさ						**.53**	-.34	**.37**	**.34**	**.35**	**.43**	**.34**
仕事							-.23	.13	.10	.15	.21	.27
英語力低下								-.22	-.14	-.16	-.23	-.18
自己制御									**.72**	**.72**	**.75**	**.49**
ゴール										**.60**	**.69**	**.30**
メタ認知											**.74**	**.61**
資源												**.47**

（太字は $p < .05$、下線は $p < .10$、p 値は調整済のもの）

4.5.4 TOEIC スコアに影響を与える要因の検討

3回の TOEIC スコアを従属変数として、性別（1: 男性, 2: 女性）、入試形態（1: 推薦, 2: 一般・センター）、第一志望だったか否か（1: 第一志望, 2: それ以外）、アルバイト時間、通学時間、ICT 学習時間、留学経験（1: なし, 2: あ

り）、留学予定（1: なし, 2: あり）、国際センター説明会への参加（1: 参加, 2: 非参加）、学内イベントへの参加（1: なし, 2: あり）、BALLI 動機づけ得点、英語学習への動機づけ（「英語で小説を読めるようになりたい」、「映画を字幕なしで見られるようになりたい」、「ネイティブと交流したい」について、それぞれ肯定した者を 2、しなかった者を 1 とした）、英語学習への態度（自信、楽しさ、仕事、英語力低下）、課外テクノロジーの利用（態度、ゴール、メタ認知、資源、交流）、社会階層（テレビ、お菓子、絵本、博物館美術館）を独立変数とした重回帰分析を行った（強制投入法、各変数は標準化）。

1 回目の TOEIC スコアを従属変数とした分析（$N = 94$）の結果を表 11 に示す（$R^2 = .47, p < .01$）。留学予定と態度の自信がスコアに影響を与えており、留学予定があり英語学習の方法に自信のある学生のスコアが高いという結果が得られた。2 回目のスコアを従属変数とした分析（$N = 37$）の結果を表 12 に示す（$R^2 = .83, ns.$）。2 回目の TOEIC は受験者が少なかったため、モデルが有意とならなかった。また、一部の変数の VIF 値が高く、多重共線性の可能性が示されている。3 回目のスコアを従属変数とした分析（$N = 86$）の結果を表 13 に示す（$R^2 = .55, p < .01$）。留学予定があり、ネイティブと交流したいという動機があり、英語学習の方法に自信のある学生のスコアが高いという結果が得られた。

表 11．TOEIC 1 回目のスコアを従属変数とした重回帰分析

	β	SE	t	p		VIF
性別	0.21	0.26	0.83	.41		2.09
入試形態	0.42	0.26	1.61	.11		2.03
第一志望	-0.22	0.23	-0.95	.34		1.96
バイト時間	0.10	0.10	1.01	.32		1.39
通学時間	-0.09	0.10	-0.83	.41		1.57
授業外学習時間	-0.11	0.11	-1.00	.32		1.50
ICT 学習時間	0.00	0.13	-0.02	.99		2.07
留学経験	0.14	0.28	0.49	.63		1.63
留学予定	0.58	0.20	2.87	.01	**	1.52
説明会	-0.07	0.22	-0.31	.76		1.62
イベント	0.19	0.22	0.87	.39		1.73

	β	SE	t	p		VIF
BALLI 動機づけ	-0.06	0.12	-0.50	.62		2.15
動機づけ：小説	0.11	0.20	0.53	.60		1.43
動機づけ：映画	0.22	0.25	0.91	.37		1.55
動機づけ：交流	0.65	0.33	1.94	.06		1.70
態度：自信	0.27	0.12	2.14	.04	*	1.85
態度：楽しさ	0.01	0.13	0.08	.94		2.54
態度：仕事	0.10	0.14	0.75	.46		2.52
態度：英語力低下	0.04	0.10	0.35	.73		1.60
ICT：態度	-0.12	0.18	-0.69	.49		4.20
ICT：ゴール	0.00	0.14	0.03	.98		2.97
ICT：メタ認知	-0.10	0.17	-0.60	.55		3.59
ICT：資源	0.06	0.17	0.34	.74		3.87
ICT：交流	-0.18	0.13	-1.37	.18		2.51
階層：テレビ	0.12	0.11	1.14	.26		1.47
階層：お菓子	0.12	0.11	1.07	.29		1.82
階層：絵本	-0.17	0.11	-1.56	.12		1.48
階層：博物館美術館	-0.06	0.12	-0.51	.61		1.82

表 12．TOEIC 2 回目のスコアを従属変数とした重回帰分析

	β	SE	t	p	VIF
性別	0.34	0.88	0.39	.71	7.65
入試形態	1.10	0.79	1.40	.20	7.01
第一志望	0.09	0.64	0.15	.89	5.43
バイト時間	0.19	0.30	0.64	.54	4.32
通学時間	-0.12	0.31	-0.38	.71	4.74
授業外学習時間	-0.08	0.38	-0.23	.83	5.29
ICT 学習時間	-0.02	0.39	-0.05	.96	5.72
留学経験	0.67	0.58	1.15	.29	3.10
留学予定	-0.19	0.65	-0.30	.77	5.66
説明会	-0.13	0.47	-0.28	.79	2.80
イベント	-0.36	0.50	-0.72	.49	3.29
BALLI 動機づけ	0.12	0.40	0.29	.78	5.76
動機づけ：小説	-0.05	0.67	-0.08	.94	5.75
動機づけ：映画	0.34	0.76	0.45	.67	4.77
動機づけ：交流	0.94	0.81	1.16	.28	4.79
態度：自信	0.30	0.39	0.77	.47	7.70
態度：楽しさ	-0.07	0.38	-0.18	.87	7.55
態度：仕事	-0.27	0.38	-0.71	.50	6.58
態度：英語力低下	-0.45	0.34	-1.33	.22	5.28
ICT: 態度	0.11	0.60	0.18	.86	15.31

	β	SE	t	p		VIF
ICT: ゴール	-0.13	0.41	-0.32	.76		9.08
ICT: メタ認知	-0.06	0.39	-0.16	.88		5.88
ICT: 資源	0.67	0.59	1.13	.29		14.32
ICT: 交流	-0.19	0.33	-0.56	.59		4.61
階層:テレビ	0.17	0.40	0.41	.69		4.96
階層:お菓子	-0.02	0.38	-0.05	.96		7.41
階層:絵本	-0.36	0.25	-1.42	.19		2.51
階層:博物館美術館	-0.01	0.34	-0.03	.98		4.27

表 13. TOEIC 3 回目のスコアを従属変数とした重回帰分析

	β	SE	t	p		VIF
性別	0.12	0.24	0.49	.63		1.92
入試形態	-0.10	0.28	-0.36	.72		2.35
第一志望	0.22	0.24	0.92	.36		2.27
バイト時間	0.01	0.09	0.06	.95		1.47
通学時間	-0.15	0.10	-1.45	.15		1.57
授業外学習時間	-0.04	0.11	-0.39	.70		1.53
ICT 学習時間	-0.03	0.13	-0.20	.84		2.07
留学経験	0.37	0.28	1.35	.18		1.77
留学予定	0.58	0.20	2.91	.01	**	1.55
説明会	-0.18	0.21	-0.85	.40		1.73
イベント	0.06	0.21	0.27	.79		1.74
BALLI 動機づけ	-0.04	0.13	-0.27	.79		2.68
動機づけ:小説	0.09	0.22	0.40	.69		1.86
動機づけ:映画	0.04	0.24	0.18	.86		1.58
動機づけ:交流	0.71	0.33	2.18	.03	*	1.78
態度:自信	0.31	0.12	2.63	.01	*	1.84
態度:楽しさ	0.15	0.13	1.17	.25		2.60
態度:仕事	0.08	0.14	0.59	.56		2.57
態度:英語力低下	-0.12	0.10	-1.16	.25		1.69
ICT: 態度	-0.15	0.18	-0.83	.41		4.78
ICT: ゴール	0.01	0.14	0.07	.94		3.05
ICT: メタ認知	-0.11	0.17	-0.64	.52		3.87
ICT: 資源	0.30	0.16	1.84	.07		3.91
ICT: 交流	-0.22	0.13	-1.74	.09		2.79
階層:テレビ	-0.01	0.11	-0.09	.93		1.60
階層:お菓子	0.21	0.11	1.82	.07		1.97
階層:絵本	-0.11	0.11	-1.02	.31		1.60
階層:博物館美術館	-0.18	0.12	-1.57	.12		2.02

4.6 考察

　英語英文学科の1年生の実態調査を行ったところ、TOEICスコアに一貫して影響を与えているのは留学の予定、交流の動機づけ、英語学習方法への自信であり、これらはすべてポジティブな影響をもっていた。一方、調査時点で留学経験がなく、また留学予定がない学生が48名も存在しており、このような学生をどう指導していくかは今後の重要な検討課題であろう。留学をしないという決断が本人の興味・関心によるものなのか、それとも家庭の経済力によるものなのかといった点についても今後より詳細な分析が必要である。

　入試形態については他の変数を統制した重回帰分析では有意な係数が得られていないが、表8の平均値を見る限り全体的に秋に行われる入試（AOや指定校推薦）を通って合格した学生の値が低く、特に2回目、3回目のTOEICではスコアに100程度の開きが見られるのは注意が必要である。なお、留学予定のある者は、推薦入試で47％、一般入試で55％であり、一般入試の学生で若干多くなっている。これらの分析から、推薦入試で入学し、将来留学の予定がない学生のサポートが重要と考えられる。たとえば学内において英語母語話者との交流機会を頻繁に確保するなどの方策が考えられる。留学は家庭の経済力によって左右される経験であり、そうした格差の是正は今後より重要になると考えられる。

　英語学習に対する態度については、英語学習が楽しく、英語学習を上手にできる自信のある学生のスコアが3回目で高くなっている。1回目と2回目では有意な相関係数が得られていないことから、楽しさを伝えること、学習方法を指導することがポジティブな影響を与えるのかもしれない。しかしながら、調査時点は、すでに3回のTOEICを行ったあとであり、成果が出たから楽しいと感じたり自信が生じたりしたのかもしれない。そのため、解釈は慎重にするべきである。

　課外テクノロジーの利用についての各下位尺度では、いずれも全体的に平均値が低く、授業外でICTを用いた英語学習が低調であることがわかった。また、重回帰分析でもTOEICスコアに有意な係数を示したものがなかっ

た。しかしながら、ICT を利用した学習について指導をすることで英語のスキルが向上するかどうかについては本調査のデータからは結論を下すことはできない。ほとんどの学生が ICT を利用した学習について低調であるという事実は、伸び代がある可能性も同時に示しており、利用方法について適切な指導を行った場合にポジティブな影響が得られるかどうか、継続研究が必要である。たとえば、同一のシラバスで行われる複数の授業において、ICT の活用を促した場合とそうでない場合とでどの程度の効果が見られるか、実験的な方法で検討することも可能である。こうした実験的な介入には常に倫理的な問題がつきまとうが、例えば授業を前半と後半に分け、A のクラスでは前半で ICT の活用を促し、B のクラスでは後半で ICT の活用を促すといったやり方を用いることで、そうした問題をクリアできる[5]。

　今後、こうした調査を縦断的に行い、英語英文学科の学生の成長が何によって影響されるのかをより詳細に検討していくことが必要である。

注

1　本章は大澤・中西（2018）を加筆・修正したものである。

2　たとえば Ariani & Ghafournia（2015）では，.87 の値が得られている。

3　調査上のミスにより、Lai et al.（2015）で訊ねていた「それぞれの時期における学習目標を達成するために、ICT を使って自分自身の達成状況を効果的に確認する方法を知っている」の項目が欠損している。

4　バイオリンプロットとはすべての分布データを含んだもので、確率密度曲線を縦に描画したものである。簡単に言えばバイオリンの太った部分の頻度が高く、痩せた部分の頻度は低い。本データでは有意な性差は得られていないが、参考のため、男女別のデータを示している。

5　もっとも、教育的介入においては、効果があると思っているのにその実践を行わないという点が問題とされると思われるが、効果があると思って客観的なエビデンスのない介入を行うこと自体も強く戒められるべきなのではないだろうか。教育者の思い込みがもたらす様々な災厄にもわれわれは敏感であるべきだろう。

引用文献

Ariani, M. G. & Ghafournia, N. (2015). The relationship between socioeconoic status and beliefs about language learning: A study of Iranian postgraduate EAP students. *English Language Teaching, 8,* 17–25.

Horwitz, E. K. (1987). Surveying student beliefs about language learning. In A. Wenden & J. Rubin (Eds.), *Learner strategies in language learning* (pp.119–129). London: Prentice-Hall.

Lai, C., Zhu, W., & Gong, G. (2015). Understanding the quality of out-of-class English learning. *TESOL Quarterly, 49,* 278–308.

大澤真也・中西大輔.（2018）.英語専攻学生の TOEIC スコアに寄与する要因の分析 : 英語専攻学科 1 年生を対象とした実態調査.大学英語教育学会中国・四国支部研究紀要,15,127–142.

苅谷剛彦・清水睦美・志水宏吉・諸田裕子.（2002）.『調査報告「学力低下」の実態』.岩波ブックレット.

中山誠一.（2010）.言語学習に対する学習者のビリーフと大学英語教育への期待—BALLI 調査を中心として.国際文化研究所紀要,15,13–24.

付録 1. 英語英文学科学生実態調査

　本調査は英語英文学科に在籍する学生を対象とした調査です。回答は調査の目的のみに使用し、その他の目的には利用しません。

学籍番号＿＿＿＿＿＿＿＿＿＿＿＿＿　　出身高校

1. 高校生の時に外国に留学したことはありますか？　ある人は国名と期間も書いてください（**期間は週**で記入してください）。

・　ある（例：イギリス（1週間　　　　　　　　　　　　複数回答可））
・　ない

2. 在学中に留学する予定はありますか？　ある人は時期、国、期間を書いてください。

・　ある（例：アメリカ（2年次後期6ヶ月　　　　　　　　　　　　））
・　ない

3. どの入試形態で広島修道大学に入学しましたか？

・　AO
・　公募推薦
・　指定校推薦
・　一般
・　センター
・　帰国生
・　社会人
・　その他（具体的に　　　　　　　　　　　　　　　　　　　）

第 4 章　英語英文学科 1 年生の英語学習に関する実態調査　75

4.　あなたにとって広島修道大学は第一志望の大学でしたか？　第一志望で
　　なかった場合、第一志望だった大学名を書いてください。

・第一志望だった
・第一志望ではなかった
　　　　　　　　　（第一志望の大学名：　　　　　　　　　　　　　　　　）

5.　大学のサークル（クラブ）に所属していますか？　所属している場合に
　　はサークル名も書いてください。

・　体育局（体育局任意団体含む）
・　文化局（文化局任意団体含む）
・　任意団体
・　学友会

（サークル名：　　　　　　　　　　　　　　　　　　　　　　　　　　）

・　所属していない

6.　国際センターが行う交換留学募集説明会や海外セミナー募集説明会に参
　　加したことがありますか？

・　はい
・　いいえ
・　知らなかったので参加したことがない

7.　大学の授業以外で、学内イベント（講演会、交流イベント、留学生が教
　　える語学講座など）に参加したことがありますか？　「いいえ」と答えた
　　方はどのようなイベントに参加してみたいですか？

- はい
- いいえ（参加してみたいイベント　　　　　　　　　　　）

8.　あなたは授業料や生活費を稼ぐためにアルバイトをしていますか？

・している
・しているが、小遣いのため
・していない

9.　アルバイトをしている人は平均して週に何時間働いていますか？

・（　　　　　　　）時間 / 週

10.　通学形態を教えてください。

・自宅から通っている
・一人暮らしをしている
・その他（　　　　　　　　　　　　　　　　　　）

11.　通学時間（家から大学まで）は何分ですか？

・（　　　　　　　）分

12.　過去半年間を振り返って、授業以外で英語学習を 1 日平均どれ位しましたか？

（　　　　　　）分 /1 日

13. **授業以外**で、インターネットやスマートフォンのアプリなどを利用した英語学習をしましたか？　「はい」と答えた人は過去半年間を振り返って、1日で平均どれ位そのような勉強をしましたか？

・　はい（　　　　　　分 /1 日）
・　いいえ

14. 英語を勉強するときに使っているインターネットのサービス、SNS、アプリなどを書いてください（複数回答可）。

15. 以下の各文について、5 段階で評価してください。

5: 非常にそう思う　4: そう思う　3: どちらとも言えない　2: そう思わない
1: まったくそう思わない

	5 段階評価
日本人にとって英語を話すことは重要だと思う。	
私は英語圏の人たちのことをより知りたいので英語を勉強している。	
英語ができればより良い仕事に就けるチャンスに恵まれると思う。	
私は英語を上手に話せるようになりたい。	
私は英語圏の友だちが欲しい。	
上手に英語学習をすることに関しては自信がある。	
英語学習は楽しい。	

将来は英語力を活かせる仕事に就きたい。	
入学時に比べると、英語力は下がった。	
英語学習に対してマイナスの感情を抱いてしまったときには、インターネットのサービスや SNS、アプリなどを使って気持ちを持ち直している。	
英語学習に対してマイナスな感情を抱いてしまわないように、インターネットのサービスや SNS、アプリなどを積極的に活用している。	
インターネットのサービスや SNS、アプリなど使って楽しく英語を勉強している。	
ネットで他の人とチャットしたりオンラインの英語教材を読んだりすることで、英語学習に対する自信を高めている。	
インターネットのサービスや SNS、アプリなどを使うことで、英語学習に対する興味や熱意を持続させている。英語力が上がったかどうか不安なときには、オンラインで英語を読んだりチャットをしたり、誰かに助けを求めたりしている。	
インターネットのサービスや SNS、アプリなどを使うと、英語学習がもっと楽しくなる。	
困難を乗り越えて英語学習における最終目標を達成するために、インターネットのサービスや SNS、アプリなどは役に立つ。	
英語学習における最終目標を効果的かつ効率的に達成するために、インターネットのサービスや SNS、アプリなどは役に立つ。	
インターネットのサービスや SNS、アプリなどを使ってオンラインで英語を読んだり英語圏の人と交流したりすることによって、英語学習の最終目標を達成できるように頑張っている。	
オンラインでチャットしたり英語を読んだりして、自分の英語力のレベルをチェックしている。	
インターネットのサービスや SNS、アプリなどを使って、それぞれの時期にどんな英語学習を行えば良いか決めている。	
インターネットのサービスや SNS、アプリなどを使って、英語学習における自分の弱点を克服することができる。	
インターネットのサービスや SNS、アプリなどを使った面白い英語学習教材や体験ができる場所をいつも積極的に探している。	
もっと英語を勉強するための素材が欲しいときにはインターネットのサービスや SNS、アプリなどを使って探す。	

インターネットのサービスや SNS、アプリなどを使って、教室の外での英語学習経験を増やしている。	
インターネットのサービスや SNS、アプリなどを使って、英語を勉強したり使ったりする機会を増やしている。	
インターネットのサービスや SNS、アプリなどを使って、いつでもどこでも英語が勉強できるようにしている。	
インターネットのサービスや SNS、アプリなどを使って、いろんなサイトや人から英語に関する手助けをしてもらっている。	
インターネットのサービスや SNS、アプリなどを使って、英語圏の人と交流している。	
インターネットのサービスや SNS、アプリなどを使って、世界中にいる英語学習者と交流している。	
インターネットのサービスや SNS、アプリなどを使って、世界中にいる英語学習者から励ましてもらったりサポートしてもらったりしている。	

16. 以下の各設問にもっとも当てはまるものに○をしてください。

○ 家の人はテレビでニュース番組を見る
- ・ 全くない
- ・ ほとんどない
- ・ たまにある
- ・ 頻繁にある

○ 家の人が手作りのお菓子を作ってくれる
- ・ 全くない
- ・ ほとんどない
- ・ たまにある
- ・ 頻繁にある

○ 小さいとき、家の人に絵本を読んでもらった

- ・　全くない
- ・　ほとんどない
- ・　たまにある
- ・　頻繁にある

○ 家の人に博物館や美術館に連れていってもらったことがある
- ・　全くない
- ・　ほとんどない
- ・　たまにある
- ・　頻繁にある

○ 家にはコンピュータ（デスクトップパソコンかノートパソコン）がある
- ・　はい
- ・　いいえ

17.　英語を勉強してできるようになりたいことは何ですか？（複数回答可）

- ・　英語で小説を読めるようになりたい
- ・　映画を字幕なしで見られるようになりたい
- ・　ネイティブと交流したい
- ・　その他（　　　　　　　　　　　　　　　　　　　　　　）

18.　高校の時に使っていた英語の教科書は以下のうちどれですか？　それぞれの科目ごとに１つずつ選んで○をしてください（該当するものがない場合は教科書名を書いてください）。思い出せない場合は選ばないでください。

第4章　英語英文学科1年生の英語学習に関する実態調査　81

科目	発行者	教科書名	○
コミュニケーション英語基礎	三友	JOYFUL English コミュニケーション英語基礎	
該当なし（教科書名を書いてください）			
コミュニケーション英語	東書	All Aboard! Communication English	
	東書	Power On Communication English	
	東書	PROMINENCE Communication English	
	開隆堂	ENGLISH NOW English Communication	
	開隆堂	Discovery English Communication	
	三省堂	CROWN English Communication	
	三省堂	MY WAY English Communication	
	三省堂	VISTA English Communication	
	教出	New ONE WORLD Communication	
	大修館	Compass English Communication	
	大修館	Genius English Communication	
	啓林館	ELEMENT English Communciation	
	啓林館	LANDMARK English Communication	
	数研	POLESTAR English Communication	
	数研	BIG DIPPER English Communication	
	数研	COMET English Communication	
	文英堂	Grove English Communication	
	第一	Vivid English Communication	
	桐原	PRO-VISION English Communication	
	桐原	WORLD TREK English Communication	
該当なし（教科書名を書いてください）			
英語会話	東書	Hello there! English Conversation	
	三省堂	SELECT English Conversation	
	啓林館	Sailing English Conversation	

	文英堂	My Passport English Conversation	
該当なし（教科書名を書いてください）			
英語表現	東書	NEW FAVORITE English Expression	
	三省堂	CROWN English Expression	
	三省堂	MY WAY English Expression	
	教出	New ONE WORLD Expressions	
	大修館	Departure English Expression	
	啓林館	VISION QUEST English Expression Advanced	
	啓林館	VISION QUEST English Expression Standard	
	数研	BIG DIPPER English Expression	
	文英堂	Grove English Expression	
	増進堂	MAINSTREAM English Expression	
	第一	Vivid English Expression	
	三友	COSMOS English Course 英語表現	
	三省堂	SELECT English Expression	
	チアーズ	ATLANTIS English Expression	
該当なし（教科書名を書いてください）			

19. 大学で勉強してみたいことや、あったら良いなと思うこと、悩んでいることがあれば書いてください（英語に関係すること）。

ご協力ありがとうございました。

在学生インタビュー

西村大河さん

広島修道大学を選んだ理由

　主な理由は2つあります。1つ目は留学です。かねてから長期留学をしてみたいと考えていたので、海外の提携校数が多く、留学をするチャンスが多い広島修道大学を選びました。希望通り、2017年8月から米・アリゾナ州立大学へ交換留学生として派遣していただきました（原稿執筆時）。2つ目は、実家から通える距離にあったからです。

在学中に頑張っていること

　ボランティア活動を特に頑張っています。公益社団法人やNPOのボランティア活動をはじめ、いろんな活動を通して、他大学の学生や社会人の方々と共に仕事をさせていただくことが多く、学外でしかできない貴重な体験をさせていただいています。留学生などを支援対象としたボランティアが多いため、英語の勉強にもなります。

　大学の授業はどれも興味深いものばかりです。例えば、4技能に重きを置いた授業だけでなく、プレゼンテーションのスキルを学ぶ授業や、通訳の実践、音声学の授業などをはじめ、言語学、文学、英米の歴史、英語科教育法、国や地域またはその文化を学ぶ授業まで幅広く、英語の様々な側面にアプローチすることができる本学での授業は、どれも実践的かつ教養的でとても印象的なものばかりです。

留学生活について

　私の留学先であるアリゾナ州立大学はアメリカで最も学生数の多い大学の1つで、キャンパスも広大です。その規模に比例して、ここで学ぶことができる事の選択肢も多岐にわたります。私は主に国際政治学と持続可能性について勉強していますが、他にも何十もの科目があり交換留学生であれば各自の興味関心にもとづいて学びたい授業を受講することができます。もちろん授業はすべて英語で展開されるわけですから理解に苦労しますし、アメリカの大学特有の課題の多さに奮闘することもあります。それでも、日本にいる家族や友達、アリゾナでできた新たな友達と気さくなルームメイトに励まされ、勉学面でも普段の生活でも充実した日々を送っています。アリゾナ州はアメリカ国内でも屈指の自然豊かな地域です。壮大なグランドキャニオンをはじめ、ここでしかできない貴重な体験も多いと思います。

多田愛香さん

広島修道大学を選んだ理由

　家から近い、男女共学、教員免許が取得できる、この3つの理由で選びました。単に「英語が得意だったから」という理由で英語英文学科に進んだのですが、自分が思っていた以上に真剣に英語と向き合い、夢を追っている人がたくさんいて、現在は彼らと切磋琢磨しながら英語を学び続けています。

在学中に頑張ったこと

　お金と時間と体力に余裕がある今のうちから、自分がやりたかった願望を実現するべく頑張っています。私は大学受験終了後に「死ぬまでにやりたい100のことリスト」を作って、今それを1つずつ叶えている最中です（本場ザッハトルテ堪能や世界一美しい星空と言われるテカポ湖訪問などなど）。もちろん、学生の本分も忘れずに両立しています。

　授業の中では「英語科教育法Ⅰ」に興味を持ちました。特に、「生徒がいつか"あの時教わったことはこういうことだったんだ"と気づく、それが一番定着する」という話が印象に残っています。実際に私が教育実習させていただいた時、先生方の授業展開や発問の意図の中に今まで学んできたことが

使われていたのを見て、そこではじめて納得し、理解につながることが多々ありました。そういう意味で「英語科教育法Ⅰ」は実際の場面で生きる授業だと思います。

就職先でやりたいこと

　就職先は地元の地方銀行です。もともと生徒会活動やマネージャーをしており人をサポートすることが好きなので、将来海外進出を考えている企業を支援できるよう、海外と地元のつなぎ役として働いていきたいです。

村上愛未さん（羽田空港グランドスタッフ　内定）

広島修道大学を選んだ理由

　高校生の時に受けた模擬授業がきっかけです。出身校で行われた模擬授業の中で、わたしは英語を選びました。初めて受けた大学の授業はとにかくおもしろくて、あっという間に終わってしまいました。わたしは文法に苦手意識があったのですが、先生の解説はとてもわかりやすく、引き込まれました。その時の担当の先生が、広島修道大学の英語英文学科の先生だったのです。入学後も、その先生には１年次からお世話になっています。

　そして、中学、高校と打ち込んできた陸上競技を続けられること、オープンキャンパスの雰囲気が素敵だったことも理由のうちです。

在学中に頑張ったこと

　コミュニケーションツールとしての英語力の向上です。そのため、できるだけ英語で話す機会を持つことを意識してきました。文章が途切れ途切れでも、変でも、なんでもいいからとにかく積極的に英語で会話をすることを心がけました。最初はあいさつ程度の会話もスムーズではありませんでしたが、授業、留学等でトライし続けることで、すこしずつフレーズや、表現が身についていきました。そのおかげで、入学時 540 点だった TOEIC のスコアは、940 点になりました。また、夢も実現しました。その夢は、ディズニーのキャストになることです。小学校 6 年生の時から憧れを抱いており、幸運なことに大学 3 年次に、アメリカのディズニーワールドで 5 か月間、キャストになることができました。世界各国から集まるキャストやゲストと過ごす日々は、毎日がとても刺激的でした。英語を学んできたからこそ叶えられた夢なので、やっていてよかったな、と感じています。これからもさらに、頑張っていきたいです。

就職先でやりたいこと

　卒業後は空港のグランドスタッフとして働く予定です。タフな仕事と聞いていますが、陸上競技で培ったスタミナを活かして元気いっぱい頑張ります。現場では中国語も需要がありそうなので、英語に加えて中国語も学んでいきたいと思っています。

植村俊介さん（株式会社サタケ　内定）

広島修道大学を選んだ理由

　きちんと自分の進路と向き合うようになったのは高校3年生の春ごろからでした。それまでは、小学校から続けていた大好きな吹奏楽に関わる仕事ということで、楽器修理の専門学校を受験しようとしていました。しかし、たくさんの先生や先輩と相談した結果、大学進学を決断しました。高校の先生にも恵まれ、唯一英語が自分の得意教科だったので、7月のオープンキャンパスでも英語英文学科の体験授業に出席しました。その際の授業が広島修道大学を受ける大きな決め手となりました。

在学中に頑張ったこと

　私は「4年間で無駄な時間は1秒たりともなかったといえる大学生活にしよう」と自分に誓いました。そして4年を英語漬けにしたおかげで様々なことができるように成長しました。

　漠然とした憧れを抱いていた留学では、「井の中の蛙大海を知らず」をまさに体験しました。英語力はもちろん、日常生活でさえままならない自分がそこにはいました。同じ時期に留学した仲間の支えもあって、時間は短いながらも充実した留学を送ることができました。学ぶ意欲のある人にとって、

大学ほど強い味方・環境はないと実感しました。

　授業では英字新聞の読み方を学んだ Media English、石塚先生の「通訳入門」や翻訳プログラムの授業に興味を持ちました。通訳の授業では、毎回自分のパフォーマンスを録音するので、日々の成果がはっきりと録音に現れます。また翻訳プログラムの授業では最前線で使われているビジネス英語に触れることで、独りよがりの英語から脱却することができました。

就職先でやりたいこと

　海外展開している企業に内定を頂きましたが、まずは一人前の社会人として恥ずかしくないよう、ビジネスを学び、教養のある大人になりたいと思います。一方で、4年間磨き続けた英語には更なる磨きをかけ、社内通訳者のポジションを得られるように、勇往邁進で頑張っていきたいと思います。

伊藤万将さん（株式会社アビリティ・インタービジネス・ソリューションズ　内定）

広島修道大学を選んだ理由

　英語英文学科に入ろうと決めた理由は、幼い頃から憧れていた翻訳を仕事にしたいという目標があったからでした。特に広島修道大学は県内でも最大の図書館がキャンパス内にあり、英語を徹底的に学びたいと思っていた私にとって、様々な原書や訳書、著名な批評文献などが充実していることはとて

も魅力的でした。

在学中に頑張ったこと

　主に英語資格と翻訳に関する勉強に力を入れました。広島修道大学が学生に受験するよう推奨している実用英語技能検定やTOEICなどの対策としては、できるだけ良い点をとれるようにたくさんの洋書を読み、単語力を上げることに専念しました。翻訳に関する勉強は、学部の授業はもちろんのこと、大学院の授業も積極的に受講し、英語を読む力や文章を和訳する練習を4年間に渡って続けました。ゼミナールではイギリス文学を専攻し、卒業論文もアントニー・トロロープの短編を翻訳し提出しました。今になって振り返ると、常に翻訳のことを考えていたといっても過言ではない大学生活だったように思います。

　広島修道大学で学んだ4年間の中で特に印象深かった授業がいくつかあります。それは私が入学した年度から新しく始まった「通訳翻訳プログラム」の授業と、大学院の「イギリス文学研究」という授業です。これらの授業は本当に楽しかったです。通訳コースの授業では通訳理論を交えながら実践演習を中心とした英語漬けの時間を過ごしていました。それまではまるで超人技であるかに思えた通訳が、授業を重ねるにつれ、先生からのアドバイスや指摘を受けることで少しずつ身に付いてくるのを感じることができて、できないことができるようになる快感を久しぶりに味わうことができました。

就職先でやりたいこと

　春からは念願叶い、翻訳会社に勤めることになりました。これまで学んできたことがあくまで学生レベルであり社会のなかで仕事として使えるレベルに達していないことはわかっています。しかし、そこで落ち込むのではなく、どれだけ早く戦力となれるかを日々考え努力を続けます。大学4年間で英語をするなかで学んだことは「すべてはいずれどこかで繋がる」ということです。ある時読んだ単語や文章にふっと思いがけない場所で出あうと、その瞬間に学びが実を結ぶことに気づきます。こういった大人になるほど忘

れがちな学びの姿勢を、学生でなくなっても、いつまでも持ち続けたいと思
います。

第5章
開かれた通訳訓練

石塚浩之

5.1　はじめに

　染谷・斎藤・鶴田・田中・稲生（2005）の調査によると、日本国内では
100を超える大学で学部における通訳科目を開講していた。現在、この数は
さらに増加しているはずだ。これだけ多くの大学で通訳を教えている以上、
すでに通訳訓練は一部の語学エリートのみを対象としたものではなく、一般
の外国語学習者に広く開かれた教育法の1つとなったと言ってもかまわな
いであろう。本章では、このような開かれた教育法としての通訳訓練の意義
と可能性について考察し、広島修道大学における導入事例を紹介する。

　本学の通訳訓練は二重の意味で開かれている。第1に訓練対象が語学エ
リートのみのためのものではなく、むしろ一般の語学学習者を主要な対象と
するという点で開かれている。第2の開かれ方は、第1のそれに関連する。
訓練対象が一般的な語学学習者を主要な対象とする以上、訓練はプロ通訳者
の養成を直接的な目標としない。すなわち、訓練目的は通訳の実務者養成に
限らず、語学力の開発、通訳という職業の理解、通訳翻訳の理論的側面の理
解、コミュニケーション能力の開発など多方面にわたっているという点で開
かれている。

　通訳を扱う演習科目とはいえ、その位置づけ、内容、授業形態は大学や教
員によりさまざまである。しかし、いやしくも通訳演習という名称を冠する
以上、学習目標としては語学力の強化にとどまらず、実務につながる技能と
知識の習得を視野に収めたい。とはいえ、プロ養成の通訳学校と同じ内容を

学部の授業にそのまま持ち込むことはできないであろうし、たとえできたとしても、それは理想ではない。大学教育に通訳を取り入れるとすれば、単に通訳学校のプログラムを希釈するのではなく、通訳訓練の本質を保ちつつその可能性を最大限に引き出し、大学の授業としてふさわしいプログラムを構築することが望ましい。本章では、広島修道大学で通訳コースを開講するにあたり、どのような意図をもち、いかなる仕組みでこれを実現しつつあるかを報告する。

以下、第2節では英語教育に通訳翻訳の演習を取り入れることのもつ可能性について、通訳翻訳の認知的プロセスの観点から考察する。第3節では広島修道大学の置かれた現状を踏まえつつ、本学の通訳コースの目標設定について述べ、第4節ではこの目標を実現するためのカリキュラムを紹介する。第5節では、このカリキュラムの実践の成果と今後の展望を概括し、第6節で全体の総括をする。

5.2 英語教育と通訳・翻訳

5.2.1 大学における通訳教育

戦後、日本における通訳者養成は民間の通訳エージェントが経営する養成機関が中心的な役割を担ってきた。欧米の大学には通訳者の養成を目的とした多くのコースがあるものの、これらは専門職大学院として設定されており、学部生を対象とした演習科目は直接的に実務家養成を目的としていない。通訳・翻訳に必要な技能は、2言語の高度な運用能力のみではない。実務領域に関する広範な知識に加え、専門的な方略と技術、さらに職業倫理と規範も身につけていなければならない。歴史をさかのぼれば、異文化の接触するところには必ず異言語間を橋渡しする行為があったはずであり、通訳という仕事自体は、人類の歴史と同じ長さを持つと考えられる。しかし、通訳エージェントを中心とする日本における通訳産業の形成は比較的新しいものであり、日本の通訳産業は第2次世界大戦後の黎明期を経て、60年代、70年代に形成された（小松, 2003; 日本通訳協会, 2007）。当初は学生時代から簡単な仕事をこなしつつ、プロになった通訳者も珍しくなかったようである。

しかし、今ではこうしたキャリアをたどる通訳者は例外的である。もとより通訳者・翻訳者はフリーランスで働く者も多い。近年の通訳・翻訳は、一般的に学部新卒者が就職活動を経て就く職業ではない。

　国内においても、国外においても、大学の学部レベルで通訳・翻訳の実務家を養成することは期待されていない[1]。従来、日本における通訳者養成は民間の通訳エージェントの経営する養成学校がその主たる役割を担ってきたし、欧米の大学は通訳者養成を目的としたプログラムがあるが、すべて大学院レベルである。にもかかわらず、日本国内の多くの大学で通訳演習科目が開設されている背景には、学生の興味を引くため〈実用的〉な科目を開講し、入学者を確保したいという意図がある場合もある。従来の英文科での文学および英語学を中心としたカリキュラムのみでは学生に対する訴求力が弱い。昨今の学生の実学志向に鑑み、より実用的な科目を置けば、少子化時代の大学運営のため、多少の対策になるのではないか。そういう発想が通訳・翻訳科目の設置の動機となることは想像に難くない。

　いかなる動機であれ、通訳訓練がより多くの学習者に対して開かれるのは良いことである。以下、大学授業に通訳演習科目を導入することの意義を、いくつかの観点から論じる。

5.2.2　外国語教育における通訳・翻訳

　19 世紀以降、外国語教授法の論者は、第 1 言語の影響を否定的に捉え、これを排除することを主張してきた。そして学習言語のネイティブスピーカーに直接教授法の授業を受けることに価値が置かれた。しかし、Cook (2010) によると、学習言語のみによる教授法が有効である証拠は乏しく、一方、翻訳が外国語習得の弊害となる根拠は乏しい。Cook (2010) は、第 2 言語習得における第 1 言語の役割を評価し、translation in language teaching (TILT) の旗印の下、訳すことの有効性を検証したうえで、訳の復権を目指し、外国語学習において積極的に翻訳を導入することを提案している。

　そもそもまったく訳の介在しない外国語学習は異端である。たとえ教師が学生の第 1 言語を理解せず、教室では学習言語のみを使用するとしても、

いったん教室の外に出ると、学生は教材理解に自分の第1言語を活用するのがふつうである。もちろん、教材のテキストをすべて訳すことはしないであろうが、少なくとも自分の第1言語への辞書は使うだろう。たとえば、日本の大学生が英語の授業を受ける場合、英英辞典のみで学習を進める例は皆無に近い。学生は未知の表現に出会った場合、英和辞典を使い、訳語や語法などの情報を参照し、教材の理解を試みる。辞書の使用はミクロレベルでの翻訳の活用であり、第1言語を排除するように見える授業の中でも、実は翻訳は密かに入り込んでいるのである (Cook, 2010)。

そうした訳を専門家の訳出と区別して否定的に扱い、〈翻訳〉を特権的活動と位置づけることもできよう。これは授業の目的によるものであり、そうした授業があったとしてもかまわない。しかし、たとえば、大学の体育科目でサッカーを取り入れる目的として、プロのサッカー選手を養成することを掲げることはないであろう。同様に、大学での通訳・翻訳科目が専門的職業人の養成に直結せねばならない理由はない。訳すという活動自体に、教育上、有益な効果があるとすれば、これを取り入れることをためらう理由はない。

通訳翻訳は原発話の入力に対し、訳出表現を産出する行為である。しかし、通訳翻訳を認知的側面から見た場合、この訳出行為は2言語間のコード的置換では十分に説明できない。そのため、原発話の理解によって構築される意味内容を想定し、そこから目標言語における訳出表現を行うと想定するべきである (Funayama, 2007; Ishizuka, 2012)。その前提として、言語コミュニケーションにおける伝達内容と言語表現を区別し、発話理解において構築される心的表示を伝達内容と言語表示に分けて議論する。こうした観点に立ち、通訳・翻訳を英語教育に導入することの意義を、通訳・翻訳の認知プロセスの観点から、簡単な模式図を使って検討してみよう。

テキストの特定の英文を指定し、その意味を日本語で口述させる活動は、英文読解の授業での定番である。学生が英文を目で追いつつ、口頭で日本語に訳出する活動は、通訳訓練でいうサイト・トランスレーションに通じる。英語の授業は英語のみで行うべきという立場からすれば、これは望ましくない活動ということになる。たしかに、学生の訳出が不自然で学習効果が望め

ないように感じられる場合もある。しかし、訳出が不自然なのは、多くの場合、学生の訳出プロセスに問題があるせいであり、訳出作業そのものが語学習得の弊害となるわけではないのではないか。

　図1のaは、不自然な訳出を行う学生にありがちな訳出プロセスを模式化したものである。この場合、学生は英文の意味を理解せずに英語表現を日本語に置き換えている。この置き換えは、文脈を無視した単語の語義（多くの場合、辞書に載っている一番目の訳語）および文法規則のみによって行われる。つまり、英語の文法関係および統語範疇をそのまま日本語に置換する。主語は主語、目的語は目的語に置き換え、名詞は名詞、動詞は動詞に、可能な限り忠実に置き換えようとする。この文法的判断は不正確であることも多い。そして、できあがった日本語を基に文章の意味を理解しようとするが、たいていの場合、破綻する。これは、英文を読んでいることにはならず、効果的な学習とは言えない。ここでの日本語の使用は適切な訳出とは言えない。こうした活動に問題があるとしても、これは訳出行為自体が弊害であるからではない。問題なのは訳出行為が適切なプロセスで行われていないことである。

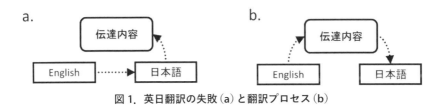

図1．英日翻訳の失敗（a）と翻訳プロセス（b）

　一方、図1のbでは、適切な翻訳プロセスを示している。作業者は英文を読み、伝達内容をとらえる。そして、その翻訳の目的・規範に合わせ、しかるべき方略を適用し、伝達内容を適切な日本語に表現する。学生がこのようなプロセスで訳出を行っている場合でも、読解が不十分であったり、訳文が拙劣であったりすることはあり得る。しかし、適切なプロセスで訳出を行っている限り、訳出は学習の妨げではなく、効果的な訓練となるはずである。

　次に図2に基づき、スピーキング技能の向上における通訳訓練の役割に

ついて考える。図2のaは英語学習者によく見られるスピーキング訓練における陥穽を示している。この作業者は、まず自分の言いたいことを日本語でとらえ、それを上で見た図1のaと同様のプロセスで日本語から英語に置換している。学習者の使用可能な語彙や構文は圧倒的に日本語のほうが豊富であり、思いついた日本語の表現に対応する英語表現を知らないことも多い。単語レベルで問題がないように感じられたとしても、日本語の文法をそのまま英語に置き換えたところで適切な表現にはならない。また、外国語を話す場合、ゆっくりと話すにしても、即時に表現を組み立てるための瞬発力が必要だが、このプロセスではそうした即時性に欠けるであろう。

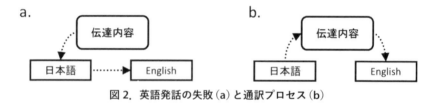

図2．英語発話の失敗（a）と通訳プロセス（b）

　図2のaは、学習者の陥りがちな不適切な英語発話のプロセスを示している。この場合、学習者は、まず伝達内容を日本語でとらえ、それを英語に置き換えようとしている。一方、図2のbは日本語から英語への通訳プロセスを示している。通訳は基点言語から目標言語へのコード変換ではない。通訳を成功させるためには、起点言語の表現を理解したうえで、その内容を適切に目標言語で再表現する必要がある。本来、通訳訓練は2言語の高い運用能力を持つものを対象とするものであるが、これが外国語学習にも有益である理由のひとつには、図2のbのプロセスが外国語での発話能力向上に貢献すると考えられることにある。これを説明するために図3と比較する。

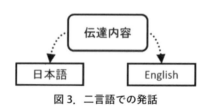

図3．二言語での発話

図3は、ある伝達内容を日本語、英語の二言語のそれぞれで発話する場合を示している。いずれの場合も、発話の表現は直接的に伝達内容から組み立てるのが自然である。むろん、同時に二言語で発話することはないが、重要なのは、一方の言語で発話する場合に、他言語を経由することはないということだ。この点に注目すると、通訳プロセスのアウトプット段階は自然発話のプロセスに類似している。

さらに通訳訓練は、モノリンガルの発話訓練以上の効果も期待できる。モノリンガル環境であれば、学習者は自分の言語能力に合わせ伝達内容を調整する可能性がある。たとえば、ディスカッションの授業で、あるテーマでの意見を求められた場合、自分の言語能力で無理なく表現可能な範囲の内容のみで活動を乗り切ることもできる。しかし、通訳の場合、伝達内容は原発話者から与えられるものであり、それをなんとかして表現せねばコミュニケーションは成立しない。こうした技能を習得すれば、学習者は外国語で発話できる範囲を拡大することができる。

通訳・翻訳の訓練においては訳出方向の考慮も重要である。第1言語からの訳出と第1言語への訳出では必要とされる能力は全く異なる。特に外国語学習段階の学生を対象とする場合、この違いは大きい（そのため留学生を同じクラスに参加させることは困難である）。広島修道大学の場合、通訳コースの授業は日本語を第1言語とする学生のみを想定している。図2と図3では、日本語から英語への通訳訓練が英語学習者の英語発話能力の向上に有益であることを説明した。英語から日本語への通訳訓練の場合、図1のbのプロセスが必要となる。この場合、音声コミュニケーションにおける英語のインプット能力向上が訓練の目的となる。通訳コースの授業では、学生の能力に配慮し、訓練目的を定め、両方向の訓練を組み合わせて授業を構成することが望ましい。

ただし、通訳コースの目的は英語技能の向上のみではないないため、この目的のみに特化した授業を行うことはできない。授業内の指示のみで自発的に学習することのできる学生であれば、これだけで自らの英語技能を開発できるであろうが、より多くの学生の英語技能を本格的に開発するためには通

訳コース以外に、この目的に特化した科目を設置すべきであろう。

　本節では、外国語の運用能力向上における有効性という側面に絞り、通訳・翻訳訓練の有効性について論じた。しかし、大学での通訳授業には外国語の運用能力向上のための一手段を超えた可能性がある。次節ではこの点について論じる。

5.2.3　通訳訓練をどういかすか

　通訳訓練を活用した英語教育の有効性についての主張は 1990 年代にさかのぼる（染谷, 1996; 鳥飼, 1997 など）。一方で、日本の大学の学部生の英語力が本格的な通訳者養成の訓練レベルに達していない事実は、大学での通訳教育に従事する者の間では広く共有されている。こうした状況を踏まえ、新たな通訳訓練のコースを設置するとすれば、何を目標とし、どのようなカリキュラムを設定すべきであろうか。

　授業の通訳演習科目の目的、位置づけ、形態は、その大学のあり方にも左右される。通訳市場の主要部は首都圏に集中しているが、通訳の分野による違いもあり、近年、コミュニティー通訳の需要は全国に広がりつつある。放送通訳の場合、70 年代、80 年代には大阪の放送局での需要もあったようだが、現在はおそらくほぼ 100 パーセントが首都圏であろう。一方、ビジネス通訳に関しては首都圏以外の都市圏でも常に一定の需要がある。このような状況の中で、広島の私立大学で通訳コースを開設する場合、どのような目的を設定すべきだろうか。また、その目的のためにはどのようにコースを設計すべきであろうか。

　TILT の観点からは、通訳翻訳はあくまでも外国語学習のための方便に過ぎない。一方、通訳とは、実社会の中で 2 言語を介しコミュニケーションを成立させる実務である。学生の語学力を考えれば、学部生を対象とした通訳教育は TILT の側面の比重が高くなるはずである。しかし、実務的側面も重要である。学生が卒業後ただちに通訳者になることが期待できないにしても、将来的に専業の通訳者を志そうとする場合、訓練にあたりどのような努力をすべきかを知っておくことは有益である。知識を与えることで通訳とい

う仕事が現実的な選択肢の1つに入る可能性が生まれるのである。会議通訳者や放送通訳者を目指す場合は民間の通訳学校や内外の大学院で学ぶことになり、そこでさらに本格的な知識と技能を学ぶことになるだろう。卒業生が、専業の通訳者ではなく、企業などの組織内で通訳を含む業務に従事することになった場合、改めて集中的な再教育を受ける機会がないのが一般的であろう。地方都市においては、卒業生が英語を使う人材として活躍するとすれば、このような場合を想定するのが現実的であると思われる。そうした場合、通訳に関する知識を持ち、実務ではどのような準備をし、どのような倫理観で臨むべきかを知っておくことの意義は大きい。

　本稿では、大学での通訳演習科目で実現可能な教育的内容として、語学教育、通訳教育、キャリア教育、研究分野への導入の4つの側面からのアプローチを提案する。

● 　語学教育として

　一部の通訳・翻訳研究者の間で〈翻訳〉を語学教育へ取り組むことの有効性を訴える TILT が提唱されている。これは第2言語習得における第1言語の役割を積極的に評価するものであり、通訳・翻訳演習はこれを目的とする活動としても有意義であると考えられる。さらに通訳・翻訳の訓練としてはシャドーイングなど、訳を含まない活動もあり、近年、語学教育においてこうした活動も有効であることが主張されている (門田, 2012; 門田, 2015; 玉井, 2002 など)。

● 　通訳教育として

　学部生対象の演習科目であっても、通訳の技術や職業倫理、規範に関しては、専門職に求められる知識の本質的部分を教えることは可能である。これがなければ、授業科目に通訳演習という名を挙げる意味もないだろうし、学生からの期待にも応えることはできないであろう。教材の難易度、授業の進め方に工夫を凝らすことで専門職としての通訳実務を想定した教育を実現することができる。

● キャリア教育として

　商学部、法学部などの実学系の学部と比較すると、英文科の授業には現代社会での職業生活のあり方を学ぶ機会が乏しい。そこで、授業で扱う通訳の現場設定や教材を工夫し、該当分野の基本知識を学ばせることができる。通訳行為は専業通訳者のみに限られたものではなく、一般企業に勤める人が必要に応じて通訳を務める場合もある。本学の通訳コースではこうした場面を強く意識し、コース修了生が将来的にこうした場面で働くことを想定した教育を行っている。たとえば、競合分析に関するプレゼンテーションの通訳を想定することで、マーケティング理論のフレームワークの一端に触れさせることができる。

● 研究分野への導入として

　学生が卒業論文のテーマとして通訳・翻訳を対象とする場合、たとえ授業の制約内であっても実作業の経験を持つことにより研究上の問題意識は変化する。また、授業を通じ、理論的知識を実践のなかから学ばせることができる。たとえば、同化方略を基本とする「読みやすい翻訳」は必ずしも「良い翻訳」とは限らない。異文化の導入こそが翻訳の真義であるなら、原典の持つ異質性をあらわにする異化方略を採用すべき場合もある (Venuti, 1995)。通訳学校や翻訳学校ではふたつの方略の対立についての議論はせず、同化方略のみを規範とすることが一般的であるが、大学の授業であれば、こうした方略や規範を相対化する視点を示せる。

　以上、大学教育に通訳訓練を導入することにより教育効果の期待できる 4 つの側面を示した。これらと比べれば、些細なことかもしれないが、授業形態の面からみれば、問題解決型学習 (PBL)、アクティブ・ラーニングといったキーワードから通訳演習を語ることもできるだろう。広島修道大学の通訳コースは 4 つのステップで構成しており、上位のステップでは課題解決型のプロジェクトとして授業を進めることを心掛けている。

　次節では、大学学部レベルの通訳演習授業において求められるものは何か

という問題意識を出発点に、通訳演習授業の果たすべき役割を考察し、これを実現するための通訳コースのありかたを検討する。

5.3 通訳コースの位置づけ

5.3.1 学生の質と期待

　民間の通訳者養成機関が入学許可の基準として挙げる英語力の基準は、英検1級あるいは TOEIC スコア 900 以上などとしていることがふつうである（新崎・石黒, 2014）。これは英語関係分野を専攻とする一般的な大学生の平均を大きく上回っている。広島修道大学の英語英文学科の場合、このレベルの英語力を持つ学生は極めて限られており、この層を対象とした授業は成立しない。通訳コースを上位層向けの授業と設定するとしても、基準点を一般の通訳訓練者のレベルに引き上げることは難しい。本学通訳コース履修者の英語力としては、英検2級あるいは TOEIC スコア 500 程度を基準とする。

　一方、学生は何を求めて通訳コースを履修するであろうか。大学 12 校、大学院2校、専門学校1校における通訳コースの学生 377 名を対象にした調査（田中他, 2007）の結果、学生が通訳コースを履修した動機は、「英語力を高めたい」が 80％と圧倒的に多く、「通訳や通訳の勉強法に関心があるから」は 45％であり、プロ志向の学生はわずか 10％であった。学生の語学志向は「授業で何を学び、身に付けたいか」という項目の回答にも顕著であり、「効果的な英語の勉強法」64％、「通訳技術やノウハウ」47％、「就職や留学に役立つ技能」35％であり、「通訳の仕事や資格に役立つ知識」と答えた学生は 25％であった。この調査結果から通訳演習科目に関する学生の期待は、英語を使う機会を増やしたい（機会獲得）、英語の運用能力を高めたい（英語学習）という語学的側面が圧倒的であり、これに関連し、英語を使った仕事をしたい（キャリア開発）という面が加わると解釈できる。大学の授業の中で通訳に触れることで、多少なりとも通訳の実情を知り、あわよくば自身の語学力向上につなげたいという学生の期待があるならば、これに応えることは重要である。しかし、学生の標準的な語学力では、通訳は自分とはかけ離れた技能を必要とする作業であると認識されているようだ。

英語英文学科に入学する学生の多くは、英語英文学科で学ぶ学問を高校までの英語科目に相当する内容としてとらえている。最近の英語教育の流れを受け、英語でのコミュニケーションに興味を持ち、このためのスキルを伸ばすことを期待している。一方で、伝統的な英文科のコンテンツである英文学や英語学に興味を持ち、これを学ぶことを望んで入学する学生はそれほど多くない印象である。どちらかといえば、4技能として表現される英語運用能力の向上を実現するための場が英語英文学科のイメージであり、これを自らのキャリア形成に活用できるかどうかが学科選択の1つの基準となっているようだ。

　反面、学生のもつ英語を使ったキャリアのイメージは豊かでなく、航空業界、空港などのエアライン業界、旅行会社、ホテルなどに限定されがちである。比較的向学心の旺盛な学生が専門職を目指す場合、教員、通訳者、翻訳者などが挙げられる。教員の場合、教職課程があり、比較的具体的に的確なキャリアプランを描ける。通訳・翻訳に関しては、興味を示す学生も少ないものの、職業的実際に関する情報は極めて限られており、学生がこれらの職業を自分自身のキャリアとして具体化することは難しい。

　英語を使う仕事を希望する学生は少なくないが、英語を使う仕事にはどのようなものがあるか、それぞれの仕事にはどのくらいの英語力が求められるか、その力を身につけるにはどの程度の力が必要なのかを知らない。一部の学生は高い潜在力を備えているが、これを発揮させるためには、具体的な目標とそこに到達するための方略を示すことが重要であろう。具体的な目標も方略もないまま学習を続けることは、ありもしないユートピアを探し求め、いつかはたどりつけるはずであるという漠然とした期待感のみを頼りに漂流しながら一生を終える夢想家と変わるところはない。学生の間にできることが限られているにしても、あるいは学生時代の可能性が限られているからこそ、具体的かつ正確な情報を与えることは有益である。たとえ学生時代に本格的な通訳者としての技能を身につけることが難しいにしても、そこに到達するための術を身につけていれば、卒業後も努力を継続し、目標に到達することが可能である。そうした可能性を確保することが、学部での通訳演習の

第5章 開かれた通訳訓練 105

大きな役割である。

5.3.2 通訳キャリアの実情

　通訳者と一口に行っても、そのキャリア形成のあり方はさまざまである。大雑把にフリーランス通訳と社内通訳に分けて考えれば、フリーランスは自分で働き方を作り上げていくものであって、雇用者を求めるという形での就職口ではない。社内通訳なら企業に所属するため就職することができる。この場合、通訳専業の場合から業務の一部として通訳が含まれる場合までさまざまであるが、いずれにしても通訳業務を含むポジションに新卒者を採用する企業はほとんどないはずである。通訳業務の比率が比較的高いポジションに人材を募集する場合、少なくとも数年の実務経験を条件とすることが一般的である。そのための実務経験をどこで積むかは、人によりさまざまである[2]。相当の英語力を備えた者が臨時の通訳を求められる職場に配属され、現場で鍛えられるという場合もあるだろうし、民間の通訳学校で学ぶうちに通訳を含む仕事を紹介され、徐々に仕事量を増やしていく場合もあるだろう。そして、何らかの形で通訳を含む仕事にたどり着いたとしても、いつまでもその仕事にとどまっているとは限らない。社内通訳として採用された者が人事異動で全く通訳業務を含まない部署に転換を命じられる場合もある。これは本人が通訳者として無能であるからとは限らない。無能な通訳者であれば、そもそも採用されない場合が多いだろう。通訳者が配置転換を迫られる場合、本人の能力の欠如のためではなく、むしろそれ以外の能力を評価され、より責任の重い職務を任されることも珍しくない。どのような分野の通訳であっても専門職に誇りを持ち、これを天職とする人もいる。しかし、一方では通訳という仕事にたどり着きながら、これにとどまらず、次のキャリアに進む人もいる。この場合、通訳は通過点に過ぎない。

5.3.3 通訳コースの目標

　通訳キャリアのあり方は通訳コースの評価の仕方にも関わる。
　通訳者として仕事を得るために学歴は関係ない。経験と実力があれば仕事

を得ることは可能である。自動車メーカーなど、巨大企業においては、通訳専門の部署や子会社を持つ場合もある。しかし、学部新卒者を通訳専門の要員として採用する企業はほとんどない。また、通訳エージェントに登録している通訳者は、その大半がフリーランスである。専属通訳者を要するエージェントはあるが、学部新卒者を定期的に採用するエージェントは存在しないと思われる。実力さえあれば、学部新卒者が専属通訳者として採用されることはありえないわけではないが、実際には極めて稀であろう。

卒業生の何人が通訳者となったという数字を上げることはあまり意味がない。通訳コースの授業内容がキャリアと結び付くのは学生の卒業した直後である必要はない。大学での通訳コースは、卒業生のキャリアが英語と結び付き、語学力とビジネススキルを十分に高め、通訳者としての活動の場が見え始めたときに何とか対応できる力を身につけておくための場であれば十分であろう。どのようにすれば自分自身を鍛え、通訳の職務を全うできるのか、またさらに本格的に通訳者としてのキャリアアップを目指すとすればどのような道があるのかを知っておくだけでも価値がある。こうした考えから、広島修道大学では、実務における通訳の形態や分野の広がりを意識しつつも、ビジネス分野での通訳に重点を置き、しっかりと準備をすれば、簡単なプレゼンテーションの通訳がこなせるレベルを目標とする。

とはいうものの、どのような形態であれ、通訳を現実的なキャリアの一部として考える学生にその出発点として On the Job Training（OJT）など実践を通じて行う研修の機会を与えることができれば、それに越したことはない。これは学生のキャリア形成上の利益となるだけでなく、現役学生、後続学年の学生にとって、通訳訓練を継続する動機づけとなる。実務への架け橋をどのように作るかは、通訳コースの設計にあたり重要な問題である。

次節ではこうした実情を踏まえ、広島修道大学で開設した通訳コースの各科目を紹介する。

5.4　通訳コースのカリキュラム

通訳コースは Step1 から 4 の 4 科目で構成し、Step 1 および 2 の配当年次

を2年生以上、Step 3 および 4 を 3 年生以上としている。これにより、入学時に十分な英語力を身につけていない学生にも基礎的な英語力を底上げする期間を与え、標準的には 2 年生から 2 年間でコースを修了することを想定している。通訳コースの科目は、すべて同時通訳ブースを備えた CALL 教室（写真 1）で実施する。実務志向の要請に応えるための通訳演習、あるいは学生の憧れに迎合するための通訳演習ではなく、新たな知の実践としての専門教育を実現していくことが、このコースの理念である。Step 1 は通訳訓練の導入から始め、Step 4 では条件がそろえば実務をこなせる技能を身につけることを目標とする。以下、各ステップの概要を紹介する。

写真 1．通訳ブース

Step 1 「通訳入門」

　この科目は、はじめて通訳訓練を受ける学生を対象とし、通訳とはどのような作業であるかについて概説し、2 言語を介したコミュニケーションの基本的な考え方を学ぶ。さらに CALL 教室を活用した演習を通じ、さまざまな通訳訓練法に取り組む。これにより、通訳とはどのような行為であるかを

体験し、セルフトレーニングの習慣を確立する。入門のクラスであり、難易度の高い教材は使用しないが、教室は各自の学習・訓練の発表の場と位置づけ、毎回、自宅での訓練課題を課す。

授業中はパフォーマンスの録音の機会をできるだけ多くし、学生には各自の録音を持ち帰らせる。これにより、自分のパフォーマンスの録音を自分で確認し、改善点を自己分析し、授業中に使用した教材を繰り返し訓練し、各自の問題点を改善するよう指導する。そのため、Step 1 では授業中に各自の録音を確認する時間を確保する。

数字訓練はこのステップの特徴のひとつである。通訳現場では桁の大きな数字が使用される機会が少なくない。しかし、英語と日本語では桁の大きな数字の表現体系が異なるため、単純に単語を置き換えることができない。そのため、桁の大きな数字の変換には訓練が必要である。授業では、10 万の桁の練習から始め、毎週、一桁ずつ桁を増やしていき、1 兆の桁まで到達する。数字表記は使用語彙も少なく、規則も単純であるため、英語力を問わず、一定の学習で確実な効果が上がり、学習者は自分の成長を実感しやすい。一方、自分で訓練しない学生は、毎回の授業で学習不足を痛感することになる。これは自宅学習の成果が最も如実に表れる部分であり、次のステップに進むための試金石となる。これにより、通訳の基礎訓練を活用し、英語の運用能力を引き上げるための学習法の定着を促す。

なお、履修者は英検 2 級程度、TOEIC スコア 500 程度で、日本語を母語とする学生を主たる対象とし、授業を構成する。そのため、Step 1 での通訳訓練の訳出方向は英日を主とし、日英は扱うものの、その量は多くない。

Step 2 「通訳の理論と実践」

この科目では「通訳入門」で習得した知識と訓練法を活用し、作業としての通訳についての理解を深め、クイックレスポンス、リプロダクション、シャドーイング、サイト・トランスレーションなど、基本的な通訳訓練を継続する。これにより、英語・日本語の双方で、音声コミュニケーション能力の向上を目指し、実社会での専門性の高いやり取りにも対応するための方法

を学び実践する。

　このステップの特徴は、学生同士の模擬通訳の導入である。Step 1 では、すべての演習が CALL 機器を使用した個別訓練であり、実際の人間を相手にした演習は行わない。Step 2 は、Step 1 と同様の基礎訓練から始め、3、4 名でのグループワークを経て、最終段階ではクラス全員の前で模擬通訳を行う。模擬通訳は、生活に密着した日常的な話題から始める。これにより、原発話の理解と再表現の関係に注目し、通訳のプロセスを体験しつつ、音声による英語・日本語双方のインプット・アウトプット能力の向上を図る。次に、より現実的な通訳現場を想定した話題での模擬通訳に進む。通訳方式は、逐次通訳を基本とし、同時通訳も視野に収める。

Step 3 　「英語研究特講（ビジネス通訳 I）」

　この科目は通訳コースの Step 3 に位置付けられる。「通訳の理論と実践」で培ったスキルを活用し、実務を想定した通訳演習を行う。授業ではビジネス・プレゼンテーションなど、主にビジネス現場における場面を想定した訓練を行い、実務に必要な最低限の表現を習得すると同時に、日本語・英語での音声コミュニケーション能力の向上を目指す。また、公式な場でのあいさつなど定型表現に親しみ、これを使った通訳の演習を行う。通訳の方式としては、逐次通訳を基本とするが、並行して原稿付きの同時通訳など、通訳ブースを活用した演習も行う。

Step 4 　「英語研究特講（ビジネス通訳 II）」

　この科目は通訳コースの Step 4 に位置付けられる。「英語研究特講（ビジネス通訳 I）」で培ったスキルを活用し、同時通訳に重点を置き、実務を想定した通訳演習を行う。授業では、録音教材を使用した通訳演習も行うが、より実践的な問題解決型演習の比重を高める。模擬通訳演習では、担当者が時事的なトピックについて英語でプレゼンテーションを行い、他の受講者は逐次通訳あるいは同時通訳を実践する。

Step 0 「やさしい通訳訓練」

　通訳訓練には興味はあるが、通訳コースに参加するには英語力が足りないという学生もいる。そもそも、本学の通訳コースは、語学エリートを対象とし職業養成のみを目的とした通訳訓練ではなく、英語力の不十分な学生に開かれたものであり、TILT 志向の側面も大きい。だからこそ、通訳コースの授業では敷居が高すぎるという学生にも通訳訓練を活用した英語学習法を習得する機会を与え、可能であれば、翌年に通訳コースに参加するという仕組みを整えたい。そのため、通訳コースの科目群とは別に「やさしい通訳訓練」という授業を設置した。この授業は、英検準 2 級から英検 2 級程度の平易な教材を使用し、通訳訓練を行う。これにより、英語学習に取り組み独力で英語運用能力を高める学習法を身につけることを目標とする。

　以上が、現在の通訳コース科目の概観である。Step 1 では CALL 教室での個別練習のみで授業を進めるが、Step 2 からは学生同士の模擬通訳演習を導入する。現在のところ、模擬通訳では、一人の学生にプレゼンテーションの準備をさせ、別の学生に通訳させるという形をとっている。実際の通訳実務では、現場ごとに高い専門性が求められ、学生の知識で対応することは難しい。しかし、学生同士で模擬通訳を行うことにより、ビジネスや時事問題などのトピックを扱ったとしても、原発話者と通訳者の知識レベルをほぼそろえることが可能となり、適度な負荷の演習を実現することができる。また、学生に他の学生の通訳を評価させることにより、通訳に必要なスキルの向上が期待できる。ここでいうスキルには、通訳固有のスキルとより一般的なスキルの双方が含まれる。一般的スキルには、人前で英語・日本語の双方で話をする能力があり、一般的なパブリック・スピーチのスキル向上にもつながる。模擬通訳では、一通りプレゼンテーションの通訳を行った後、質疑応答の時間を設け、訳出方向の異なる訓練も取り入れる。評価には、評価項目を示した通訳評価シートを使用し（付録）、セッションごとに学生同士のディスカッションとフィードバックを行う。上のステップに進むほど、教師の介入は最小限とし、学生が主体的に学ぶよう指導する。将来的には、プレ

ゼンテーションの通訳以外にも、商談など、双方向のやり取りの模擬通訳を
取り入れることも検討している。

　通訳コースの各科目は以上のような構成をとり、具体的な目的を持った教
材を選択している。しかし、通訳演習内容自体は既存の通訳訓練の範囲を大
きく超えるものではない。今後の方向としては、従来の通訳訓練を超えた新
たな訓練を考案し、大学教育の場にも導入することを考えている。そのため
の課題は多岐にわたるが、まずは通訳研究のみならず、第二言語習得、発達
心理学など、周辺分野との整合性を検証し、理論化を進めたい。現在は、サ
イト・トランスレーションのモデル化と活用、Can-Do リストを活用したア
プローチなどを進めている。

5.5　成果と展望

　通訳の基本を学んだとはいえ、学生が実務としての通訳の機会を得て、
キャリアにつなげていくのは難しい。しかし、2 年間のコースを通じ、大き
く成長する学生もおり、せっかく学んだ技能を教室の中のみにとどめるのは
惜しい。そこで、本学では、通訳教育の意義を十分に引き出すべく、可能な
限り、学内での OJT の機会を創出する努力をしている。本節では、これま
でに実現したいくつかの例を紹介する。

5.5.1　学術講演会の通訳

　2017 年 6 月 30 日（金）、本学商学部の主催で「ブルンジにおける観光の現
状と観光政策」というテーマの学術講演会が主催された（写真 2）。当日の講
師は、ブルンジ政府観光局の局長顧問、ダンシル・ニゼイマナ氏であった。
この講演で通訳コースの修了生 3 名が逐次通訳を行った。講演は商学部の
「観光論」の授業を兼ねており、聴衆はこの授業の履修者および一般の方々
であった。事前に講師からはパワーポイントのスライドの提供を受け、学生
はこれを手掛かりとして、通訳の準備を行った。講師の話が予想外に早く終
わり、質疑応答の時間が長くなったが、これも含め、講演会の全体を学生通
訳で対応した。中国新聞からの取材も受け、翌日の朝刊にて学生の活躍が紹

介された。

5.5.2 他学部授業での通訳

法学部で開講する「国際機構論 I」、「国際機構論 II」、「国際開発論」は、講義科目であるが、授業はすべて英語で進められる。英語力の十分でない学生も多いため、この授業の通訳として通訳コースの修了生、履修生を使うという提案を受けた。英語英文学科の学生は、英語力はともかく、この授業の内容について、ほとんど予備知識を持たない。そのため、あらかじめ授業内容を把握し、十分な準備のうえ、通訳に臨んでいる。授業内容はすべて通訳するのではなく、ポイントのみの逐次通訳で対応している。なお、この授業は四学期制の開講科目であり、90 分授業が 2 コマ連続で実施される。

写真 2. 講演会における通訳の風景

5.5.3 オープンキャンパスでの同時通訳デモ

高校生を対象とした英語英文学科の模擬授業では、通訳コースの履修生が、英語で授業の成果について語り、コースの概要を紹介した（写真 3）。この授業は通訳コースの授業で使用する同時通訳ブース付きの CALL 教室で

行い、学生の英語スピーチを別の学生が同時通訳した。これは通訳コース生に実践の機会を与えるだけでなく、本学に入学を希望する高校生に通訳コースの演習内容およびその成果についてのイメージを与え、本学通訳コースで到達可能な水準を具体的に示すことができる。

写真 3．デモ終了後の記念撮影

5.5.4 研究との接点

　筆者のゼミは通訳・翻訳研究をテーマとしており、これも本学における通訳翻訳教育の一環と考えている。文学研究者が詩人や作家である必要はないのと同様、通訳研究・翻訳研究は必ずしも実践者のみのものではないが、実際に通訳・翻訳の実践に触れることで研究における問題意識に変化が出ると思われる。逆に、研究に触れることで、実践における取り組みが変わることも期待される。実践を経験することで理論を実感することができる。実践を通して、理論に関心を持ち、研究課題を見つけることができる。一方、理論を学ぶことで実践の秘訣を合理的に学び、習得することができる。その場では要領をつかめなくとも、理論を修得することで自らの取り組みを客観化する視点を獲得し、実技の効率的な独習が可能となる。

ゼミでは、毎年夏に3年生と4年生が合同で合宿を実施し、全員が研究発表を行う。ここでの成果をもとに3年生は年次報告論文、4年生は卒業研究を執筆する。学年末には3年生の年次報告論文および4年生の卒業研究要約を収録した論集を作成する。

通訳・翻訳の演習科目で実践的訓練を経験することで、通訳研究、翻訳研究だけでなく、語用論、意味論などの基礎理論を学ぶことを意義づけし、具体的な研究対象を分析するための動機を持たせることができる。通訳・翻訳を切り口に、理論と実践の結びつきを理解し、抽象的で実用性が乏しいと思われがちな人文系の学問分野に関心を持たせ、学問的な真理とその実社会への応用のありかたについて考察する機会を与えることができる。ここには大学での専門教育として通訳・翻訳を学ぶ大きな意義がある。

現在、通訳コース・翻訳コースの学生が通訳・翻訳研究のゼミを選択する例が増えつつある。実践と理論の間には相乗効果が見込まれる。将来的にはより多くの学生が実践と研究の両面から通訳・翻訳に取り組むことを期待している。

5.6 まとめ

大学での通訳・翻訳教育は、実務志向の学生に迎合し、英語エキスパートの幻想を抱かせるアトラクションにとどめるべきではない。大学の学部生を対象とした通訳演習は希釈した通訳訓練ではない。通訳・翻訳という明確かつ具体的な目的を持った実践的活動の枠組みを通じ、伝統的な大学教育ならではの学問的訓練の場を創出することも可能である。

そこで学んだ学生が卒業後にどのような進路を選択するかは、各々の学生の価値観に任せるべきである。しかし、そのような価値観の形成に寄与する素材のいくばくかを与えることはできる。大学でこのような教育を実現することができれば、自ずとそこからは社会にとって有益な人材が生まれてくるはずである。卒業後の学生のなかには地元での就職を選ぶものもいれば、国内・国外の他の土地で活躍の場を見つける者もいるだろう。たとえ彼らが直ちに地元に貢献しないように見えたとしても、それを嘆く必要はない。彼ら

にとって母校がそこにある以上、地域と卒業生の縁は切れることがない。彼らのうちの何人かはいつか故郷のための力となるはずである。地域にとって必要なのは、一生、内にとどまり、外を見ない人ではない。いったん外の世界を経験した人であれば、より広い視野を地域にもたらすことで地域の競争力向上に貢献できる。〈外〉を見たうえで地域の可能性を見出し、活用できる人材こそが求められる。そのためには、若者を地域に囲い込み束縛する教育ではなく、むしろ〈外〉に目を向けさせる教育が必要なのである。

　言語を単なるツールではなく文化そのものであると見なす立場に立つならば、外国語を学ぶこと自体が異文化を学ぶことであり、通訳・翻訳はすべて異文化コミュニケーションの実践である。そのような〈外〉との交流をカリキュラムに組み込む手段としても、大学での通訳・翻訳教育は開かれており、それは単なる実技指導、職業訓練を超えた豊かな可能性を秘めている。広島修道大学の通訳コースの正式開講は 2015 年であり、まだ成否の判断をなすべき段階ではないが、コース修了生の卒業後の活躍には大いに期待している。

注

1　日本の大学での通訳教育を見直し、この状況に一石を投じる試みは始まっている（武田, 2012）。

2　松下（2016）は第一線で活躍する様々な分野の通訳者 10 名に聞き取りを行い、それぞれの通訳者がたどった歩みを詳しく紹介している。

引用文献

Cook, G. (2010). *Translation in language teaching: An argument for reassessment.* Oxford: Oxford University Press. ［斎藤兆史・北和丈（訳）. （2012）. 『英語教育と「訳」の効用』. 研究社.］

Funayama, C. (2007). Enhancing mental process in simultaneous interpreting training. *The interpreter and translator trainer, 1* (1), 97–116.

Ishizuka, H. (2012). *Conceptual processing in English-Japanese simultaneous interpreting.* 博士学位論文. 神戸市外国語大学

Venuti, L. (1995). *The translator's invisibility: A history of translation.* London: Routledge.

門田修平. (2012). 『シャドーイング・音読と英語習得の科学』. コスモピア.

門田修平. (2015). 『シャドーイング・音読と英語コミュニケーションの科学』. コスモピア.

小松達也. (2003). 『通訳の英語　日本語』. 文藝春秋.

新崎隆子・石黒弓美子. (2014). 効果的な日英通訳訓練法の提案 – 第二言語習得論の利点から. 『通訳教育論集』通訳教育指導法プロジェクト, 1–18.

染谷泰正. (1996). 通訳訓練手法とその一般語学学習への応用について. 通訳理論研究, 11. 通訳理論研究会(『通訳理論研究』論集. (2004). 日本通訳学会. 199–216, 所収).

染谷泰正・斎藤美和子・鶴田知佳子・田中深雪・稲生衣代. (2005). わが国の大学・大学院における通訳教育の実態調査. 通訳翻訳研究, 5, 285–310.

武田珂代子. (2012). 日本における通訳者養成に関する一考察. 通訳翻訳研究, 12, 105–117.

田中深雪・稲生衣代・河原清志・新崎隆子・中村幸子. (2007). 通訳クラス受講生たちの意識調査：2007年度実施・通訳教育分科会アンケートより. 通訳研究, 7, 253–263.

玉井健. (2002). リスニング指導法としてのシャドーイングの効果に関する研究. 博士学位論文. 神戸大学.

鳥飼玖美子. (1997). 日本における通訳者教育の可能性―英語教育の動向を踏まえて. 通訳理論研究, 13, 通訳理論研究会(『通訳理論研究』論集. (2004). 日本通訳学会. 171–184, 所収).

日本通訳協会(編). (2007). 『改訂新版 通訳教本：英語通訳への道』. 大修館書店.

松下佳世. (2016). 『通訳になりたい：ゼロからめざせる10の道』(岩波ジュニア新書). 岩波書店.

第 5 章　開かれた通訳訓練　117

付録．通訳評価シート

日付：＿＿＿＿＿＿＿＿

評価者：＿＿＿＿＿＿＿

通訳評価シート

通訳者：＿＿＿＿＿＿＿

項目	ポイント	講評	評価 （10点満点）
メッセージの正確さ	原発話者の意図した内容を質と量の両面で十分に伝達しているか。		
表現の適切さ	適切な文法と語彙を使用しているか。レジスターに問題はないか。		
声の聞きやすさ	話し方、声の大きさなどは適切か。		
訳出のテンポ	適切なタイミング、速度、分量で訳出しているか。		
通訳者としての振る舞い	場面で求められる役割を十分に果たしているか。		

気になった訳出

原発話	訳出

第 6 章
「翻訳入門」
―基礎訓練と応用の実践例

石井善洋

6.1　はじめに

　「翻訳入門」は、「通訳・翻訳プログラム」の「翻訳コース」に設けられている「翻訳研究 I（英日ビジネス翻訳）」、「翻訳研究 II（文芸翻訳）」、「英語研究特講（日英ビジネス翻訳）」の上級 3 科目へつづく入門コースとして位置づけられている。そのため日訳だけでなく、英訳への応用を視野に入れながら、以下のような方針で授業を進めている[1]。

a.　字面にとらわれずに、文のアイディアを捉える。換言すれば、学生が中高を通して行ってきた、いわゆる「訳す」ことをやめ、「英文のアイディアを対応する日本語に置き換える」、「社会で使われる成熟した日本語を当てる」訓練をする。

b.　日英の表現差を理解した上で英文を記憶する。この充分なインプットがあって、初めて英語への置き換え（英訳）が可能になることを理解させる。

　授業では、b を目的として、自主的に用例を収集・翻訳し、日英双方向の表現集を 200 例以上作る「例文 200 題」という課題を与えている。収集対象は、他の授業で使用しているテキスト、英英辞典、英字新聞である。こうすることで授業全般に対する学生の関心・積極性を高めることを狙っている。

6.2 授業の背景

　学生や教師から「6年も習っているのに英語が使えない」、「中高で習った英語で大抵のことは言えるはずだ」といった声を聞くことがある。しかし、「6年も」、「言えるはず」とはいえ、高校までの教育で日本人が英語を使えるようになっていないのは動かしようがない事実である。この現状を変えるのは並大抵のことではない。

　私見では、最大の理由は、学習者が日常的に英語を使える環境が日本にないからである。その是非については措くが、とにかく、ほとんどの日本人は日本語で生活し、日本語で思考し、日本語ですべて事足りている。少しくらい英語を勉強しても、複雑な話になると、先に思いつく言葉は日本語である。そのため日本語にとらわれることは避けがたい。

　以上のような事情から、筆者は、日本語を介さずに英語を理解する努力よりも、きちんと日本語で英文のアイディアを捉え、日本語に置き換える努力の方がまずあってしかるべきだと考えている。きちんと訳さないこと、訳せないこと、すなわち、貧弱な日本語能力（翻訳能力）の方が、英語修得のより大きな妨げになるからだと考えている。次の例で示そう。

　　　Now, clean types of energy are becoming popular.
　　　　　　　　　　　　　　　（*Vivid English Communication I* より）

もし大学生A君がこの英語を「いま、クリーンなタイプのエネルギーが人気になっている」と訳して卒業したと仮定する。おそらく、社会人になったA君はせっかく習ったこの英語は使えないであろうと筆者は考えている。理由は、このような日本語が社会に存在しないからである。社会人なら同じことを、「最近、クリーンエネルギーが／環境にやさしいエネルギーが、普及している／を使う人が増えてきている／が注目されている／脚光を浴びている」などと言うのではなかろうか。

　これが筆者の言うきちんと訳す、対応する日本語を当てる、社会で使われる成熟した日本語を当てる、つまり翻訳である。「いま、クリーンなタイプ

のエネルギーが人気になっている」という訳に何の疑問も感じない A 君には、「環境にやさしいエネルギー」が、教室で習った "clean types of energy" と同義であるとは思えないのではなかろうか。「普及している／使う人が増えてきている」はもちろんだが、「注目されている／脚光を浴びている」も、"becoming popular" で代用できることには思い至らないのではなかろうか。社会人になった A 君は、「環境」→ environment、「やさしい」→ gentle、「普及」→ spread、「増える」→ increase、「注目」→ attention、「脚光」→ limelight、「浴びる」→ be flooded with（light）というように、和英辞典で拾った単語をたよりに改めて和文英訳を始める。そして往々にして不自然な英文を作り上げることになるのではなかろうか。

　A 君の訳は英文解釈の訳である。それは初学者に英語を理解させる目的で仮にあてがう日本語であって、成熟した日本語であるとは限らない。そういう訳に終始すると、社会人が使わない、教室でしか通用しない不自然な日本語で英語を覚えてしまう。それが 6 ～ 10 年間習った英語を社会で役に立たなくする積極的な要因になっているのではないかと筆者は懸念している。それを防ぐために、ある程度のレベルに達した学生には、いわゆる「訳す」ではなく、「英語のアイディアを対応する日本語に置き換える」、「社会で使われる成熟した日本語を当てる」という翻訳の基礎を教える必要がある。別の例で、英訳を視野に入れているということを説明したい。

　　新大阪駅～名古屋駅間は、降積雪の影響により、速度を落として運転を行っております。そのため現地を走行する際、約 15 ～ 30 分の遅れが見込まれます。11 時 30 分現在。(JR 西日本)

これは新幹線の車中で見かけた電光掲示板のお知らせである。英訳はてこずりそうだが、すぐ後で流れてきた英語は膝を打つほど明解だった。

Due to snow between Shin-Osaka Station and Nagoya Station, Tokaido Shinkansen is expected to operate with delay. As of 11:30.

ここでは授業のポイントを説明するだけにしたいので、"due to snow" に絞る。一般の総合英語の授業で "due to snow" という表現が出てきたら、「雪のために」という訳だけで済ませがちである。「翻訳入門」の授業では、いろいろな訳が可能であることを教える。例えば、「雪の影響で」、「雪害により」、「降雪のため」、「降雪の影響で」、「着雪の影響で」等々の訳をあて、それが１つのアイディア "due to snow" を表していると理解させる。ただ日本語の言い換えを行っているだけにすぎないように思われるかもしれないが、日本語の語彙を豊かにし、翻訳能力を高めるためには必要な一歩である。またそうすることで、一連の日本語が言わんとしているアイディアを形成し、「降積雪の影響で」も "due to snow" がそのアイディアであると自然に理解できるようになる。「降積雪」という難語を辞書で引くまでもない。言ってみれば、英語のアイディアを日本語で理解し、日本語のアイディアを英語で理解する。そして、その間の変換機能というべきものを構築する。そうすることで日英双方向の表現力を高めていくことができると考えている。英訳の基本も、いわゆる「訳す」ではなく、ネイティブスピーカーの言い方を当てることが基本だからである。

　このような考えにもとづいて、学生には応用として、自主的に用例200題を収集・翻訳させ、日英双方向の表現集を作らせている。そのときの留意点は、自分で便利だ、使いたいと思った表現で、絶対に誤解なく訳せるものだけを取り上げることである。学生の最終目標は、日訳はもとよりだが、英語が書ける、話せる、だから、自分の手に負えないものは捨てて、確実に使える例を豊富に収集することである。

　この課題で学生に期待していることは、イディオムや句動詞（確かに便利ではある）だけではなく、文中のセンテンスでも、センテンスの一部でも、ワンセットとして覚えておけば便利な表現に目敏くなって、自分の表現集に加えることである。いくつか例を挙げてみよう。

There's always another train.
「電車はまたすぐ／何本も／次々に／来る」

How soon can you go to Chicago?

「すぐにシカゴに行ってくれ／シカゴに出張してくれないか」

how life really works ("life" は「生命」)

「生命の実態／実相」

My feeling is that s v.

「私は〜と感じています／私の感じでは〜です」

このように、いろいろな表現に目敏くなって、日英語を対応させて、豊富にインプットすることで、たとえば、恋人と喫茶店に入って、「僕はコーヒーを2つたのんだ」を、"I ordered two cups of coffee/two coffees." だけではなく、"I ordered coffee for both of us." という表現もやがては可能になり、少しは英語母語話者の英語に近づけるのではないかと考えている。英訳も日訳と同じように、成熟した表現を知っているか否かがポイントとなるからである。

　「6年も習ったのに…」というが、近年の大学生のインプット量は絶望的に少ない。しかし、豊かな日本語能力、翻訳能力を涵養することで、限られたインプット量を何倍かに膨らませることが可能であろうと考えている。1つの英語に対して複数の日本語訳ができたら、その複数の日本語に対する英語表現を得たことになるからである。たとえば「普及している」「注目されている」という2つの表現を、"becoming popular" と言えるように。「みんなじろじろ見ている前で」「公衆の面前で」「衆人環視の中で」という3つの表現を "in the public gaze" と言えるように。

6.3　教材および授業形式

　前半は「短文100題」という短文を用いた演習でコツをつかませ、後半は長文で応用を図る。教材は、前半は英英辞典の例文や、筆者が各所から拾ってきた短文、もしくは文の一部を、後半は英字新聞の記事を使用する。短文を用いるのは、文法的な解釈、文脈の理解のために使う時間を極力減らし、目標の演習に集中しやすくするためである。英字新聞を使うのは、文学作品のように、「原文に忠実に」という、なかなか逃れ難い意識から比較的

自由であるため、メッセージは何か、日本人の言い方はどうか、という訓練がよりダイレクトにできるからである。なお授業は以下の形式で行なっている。

「短文100題」：口頭で訳を発表させる形式。指名せずに、自主的に挙手、発表という形をとる。
英字新聞：3、4人の3つのグループを作り、共同作業をさせて、決定訳を作らせる。3グループに同一箇所を板書させ、全員で批評・評価し合う形式。

6.4　教材例と学生の訳例
ここでは学生が作成した訳の例を見てみよう。

「短文**100題**」から

(1)　It was a very encouraging comment.
その言葉に勇気づけられた。そう言ってもらって元気が出た。その言葉を励みとした。その言葉に救われた。

(2)　It was a spine-chilling sight.　　　　　（『新和英辞典 第5版』より）
背筋が凍りつくような光景だった。身の毛もよだつような光景だった。目を覆いたくなるような光景だった。

(3)　The cease-fire came at a price.
多大な犠牲を払って停戦までこぎつけた。停戦にいたるまで多くの血が流れた。

(4)　have an endless dispute with ～　　　　（『新和英辞典 第5版』より）
終わりの見えない議論をしている。押し問答をしている。議論は堂々巡りだ。

(5)　New York has never had a shortage of criminals.
ニューヨークの犯罪は跡を絶たない。ニューヨークはどこかで常に犯罪が起きている。ニューヨークは犯罪都市だ。

(6)　taking this opportunity

この機を逃すものかと。ここぞとばかり。千載一遇のチャンスとばかりに。

(7) with a little economizing （『新和英辞典 第 5 版』より）
財布の紐を固くして。ちょっと我慢して。

(8) He had not been seen in public since. (He は政治的指導者)
彼はそれ以来カメラの前から消えた。彼はそれ以来人前に姿を現していない。彼の表立った行動を見ることはなかった。

(9) She wrote me a resentful letter. （『オックスフォード英英活用辞典』より）
彼女は書面で怒りをあらわにした。彼女は手紙で怒りをぶちまけた。

(10) There is a lot of talk in Japan now about ～ .
～が今日本で物議を醸している。今日本では～で持ちきりです。

英字新聞から

(11) Britain's Prince William, center, who arrived in Japan on Thursday afternoon, visits the Hamarikyu, Chuo Ward, Tokyo, with Tokyo Gov. Yoichi Masuzoe, left. Scheduled to stay through Sunday, Prince William is to visit Miyagi and Fukushima prefectures to meet with survivors of the Great East Japan Earthquake in March 2011. (*The Japan News*, 2015. 2. 27 より)
イギリスのウィリアム王子（写真中央）は木曜午後日本に到着し、東京都中央区の浜離宮を舛添要一都知事（写真左）及び東京都庁関係者と訪問した。日曜までの滞在期間中、宮城県と福島県を訪れ、2011 年 3 月に起きた東日本大震災の被災者と対面予定だ。

(12) Anthony Fergusson said he （筆者註 Zuckerberg）should close down the website for 24 hours "with the aim of encouraging people to talk to a new person in real life who they have never spoken with before".
（*The Independent*, 2015. 1. 2 より）
アンソニー・ファーガソン氏は、「ユーザーが今まで直接話したことの

ない人々との交流」を目的として、ザッカーバーグ氏が 24 時間 FB を
閉鎖するべきだと述べた。

6.5 教材と課題における問題点

「短文 100 題」では、文脈がないからこそ意味が取りにくいということも
確かにあった。そういうときは、一旦直訳してヒントとした。新聞記事から
拾った短文では、背景を説明することもあった。授業では色々な意見が出
て、全体的にこの方法は成功だったといえる。ただ指名が活発な学生に偏り
がちになるので、名簿順に指名するなどの工夫も必要だった。

「例文 200 題」は、2015 年度の受講生は無事こなしたが、2016 年度の受
講生からは数が多すぎるとの声が出て、モチベーションが下がりそうな気配
があったため、100 題に減らすことになった。

英字新聞を用いた活動では、共同作業は活発に行われ、個人では気づきに
くい点に行き届いた解釈が行われた。しかし、個人ではできても、共同作業
になると遠慮して意見を言わないという、日本人ならではのマイナス面もあ
るようである。また難しい文になると想像力が停滞しアイディアが把握しき
れないことが多かった。そのため、「短文 100 題」の成果が生かされにくい
と判断できたので、まず部分に切って訳し、それから全体を組み立てるとい
う方法を試みた。

ところが、学生からは、丸ごと直訳する方が楽で、部分的に訳すのはやり
にくいという声が出た。そのためこのクラスでは、一旦全体を直訳し、それ
を新聞らしく推敲するという手順で作業させた。その時の学生の訳例に見ら
れた最も大きな問題点は、難解な文になると素直な解釈ができずに、辞書に
ある日本語からの連想で発想があらぬ方向へ飛躍しがちになることである。
また日本語に英文の構造が残っていて、訳文がぎこちなくなることが多い。
原因は、第一に、分析的な把握に慣れていないこと、第二に、直訳調から抜
けられないことにある。そこで、翌年 (2017 年度) は次のような「翻訳の手
順」を作って、時間をかけて指導した。

6.6　翻訳の手順

　「翻訳の手順」の基本は、部分訳から全体訳を組み立て、推敲するという方法である。教材として使用した上掲 *The Independent* の記事を例として具体的に説明する（以下、筆者訳）。

> The suggestion is one of the more subversive among the tens of thousands of responses to Zuckerberg's request for ideas he should consider for his 2015 New Year challenge – an annual event that has become a fixture in the Facebook calendar.　　　　　　　　　　　（*The Independent*, 2015.1.2 より）

(1) 意味単位で文を切って、部分を素直に直訳する。それから、そのアイディアは何か、日本人の言い方はどうか、と考えていく。すなわち「短文100題」の方法に近づける。

The suggestion is one of the more subversive
① 「その提案はより破壊的なものの１つである」
　→「その提案は特に過激である」
among the tens of thousands of responses
② 「何万もの反応／応答の中で」
　→「何万通もの返信の中で」
Zuckerberg's request for ideas
③ 「ザッカーバーグのアイディアの要求」
　→「ザッカーバーグ氏のアイディア募集」
(ideas) he should consider for his 2015 New Year challenge
④ 「2015 年の新年のチャレンジのために彼が考えるべき（アイディア）」
　→「"2015 年新年のチャレンジ" として彼が取り上げるべき（目標）」
an annual event that has become a fixture in the Facebook calendar
⑤ 「フェイスブック・カレンダーで恒例行事となった例年の行事」
　→「フェイスブック・カレンダーで恒例となっている年頭の行事」

(2) 関連する部分を1つにまとめる。

①②その提案は何万通もの返信の中でも特に過激である

③④ "2015年新年のチャレンジ" として彼（ザッカーバーグ氏）が取り上げるべき目標の募集

⑤　フェイスブック・カレンダーで恒例となっている年頭の行事

(3) 機械的に主語と述語のある文に言い換える。

その提案は何万通もの返信の中でも特に過激である。

<u>ザッカーバーグ氏は</u> "2015年新年のチャレンジ" として取り上げるべき目標を<u>募集した</u>。

<u>それは</u>フェイスブック・カレンダーで恒例となっている年頭の<u>行事である</u>。

(4) 矛盾がないように全文を作る。

ザッカーバーグ氏は、フェイスブック・カレンダーで恒例となっている年頭の行事で、"2015年新年のチャレンジ" として取り上げるべき目標を募集した。その提案は何万通もの返信の中でも特に過激である。

(5) 新聞らしく推敲する。

ザッカーバーグ氏が、フェイスブック・カレンダーの恒例年頭行事で、"2015年新年のチャレンジ" を募集したところ、何万通もの応募があった。中でもこの提案は特に過激である。

　この作業のポイントは、(1) 意味単位で文を切って、部分を素直に直訳し、そのアイディアを日本語に置き換えることと、(3) 機械的に主語と述語のある文に言い換えることである。(1)は英文を正確に把握させるため、(3)は英語の文形を日本語の中に持ち込ませないためである。(3)は、わざわざするまでもない場合があるが、大体において、全体をどう組み立ててよいのかわかりやすくなり、素直な日本語になることが多い。また、(1)の作業でアイディアを捉えることができたら、英語と見比べて訳すのではなく、日本

語のみの作業に持ち込むことが大切である。英語と見比べると、英語の表現や文法に引きずられがちになり、日本語が乱れる原因となる。

　学生にとって難しいだろうと予想していたのは、(1) の作業と、(5) 新聞らしく推敲する、であった。(1) では英文全体の趣旨を見極めることが必要であり、(5) ではジャーナリズムの文体を用いるという、なかなか高度な力が求められるからである。これは割と時間がかかる作業で、教室での完成は期待できないかもしれない。

　以下「翻訳の手順」による学生の訳例を示す。

(a)　　　この提案はザッカーバーグ氏が募集した "2015 年度新年の抱負"（このイベントはフェイスブックで毎年恒例のものとなっている）の応募案の中で最も爆発力があった。

(b)　　　Facebook で毎年恒例になりつつある、ザッカーバーグ氏が新年に何をすべきかをユーザーに問う企画で、2015 年のこの提案は何万もの回答の中で、より破壊的なものであった。

　2017 年前期は、履修者が 58 名で、12 チームに分かれて翻訳した。「翻訳の手順」は第 9 週目から指導し、作業時間は授業で約 15 分であった。その後グループで話し合った後、決定訳を翌週までにメールで提出させた。「ザッカーバーグ氏の挑戦」は 2 つ目の課題だった。

　2016 年度は、記事全体をグループで直訳し、新聞らしく推敲してから、板書して全員で話し合うという方法をとっていた。その中で学生が難しく感じた文をうまく訳すにはどういうやり方が可能かと考えて作ったのが、2017 年度のこの「翻訳の手順」である。したがって、前年度の訳例と比較するのは適切ではないが、目立った点だけをあげると、たとえば、直訳では 'subversive' の意味が辞書通り「転覆させる」だったのが、推敲では「厳選されたものだ」になっていて、英文の趣旨が捉えられていない、推敲過程が見えない例があった。またすべての訳例で、'an annual event' 以下の文中での位置づけが理解されているのかどうか疑問が残った。

「翻訳の手順」による訳例は、一部の単語の取り方に問題はあるが、全体の趣旨は把握できていて、文章も比較的整っている。できていなかった例を見ると、(1) 部分を素直に直訳するどころか、意味単位で文を切るところからつまずいている。また、辞書の日本語に惑わされている例が多い。これは極めて基本的なところなので、翻訳指導にはかなり時間を要すると言わざるを得ない。

6.7　試験の応用問題例

　試験は「短文 100 題」と英字新聞の記事の一部をそのままの形で出題した。加えて、以下の (1) ～ (7) のような応用問題も出題した。そのうちの英訳問題は、「短文 100 題」のどれか複数の文を利用すれば大体の形ができるようにしている。そうすることで、用例を豊富に正確にインプットすることが大切であることを教えている。

(1)　　Don't keep asking me for advice. Use your initiative.

『ロングマン現代英英辞典 5 訂版』より）

(2)　　The police have questioned him on a voluntary basis.

(3)　　He has maintained the tradition of Mahatma Gandhi.

(4)　　I couldn't be in better shape.　　　　（『新和英辞典第 5 版』より）

(5)　　Am I boring you?　　　　（『オックスフォード英英活用辞典』より）

(6)　　総理大臣は閣僚の度重なる失言に頭を抱えた。（閣僚：a cabinet member)

(7)　　卒業式の後、パーティーで大騒ぎしたよね、まだはっきり覚えている。

6.8　学生の感想

　2016 年度の履修生に授業評価をしてもらった際、「短文 100 題」、「グループ翻訳」、「例文 200 題」について自由に感想を書かせた。以下に要点のみ紹介する。

第 6 章 「翻訳入門」　131

「短文 100 題」:

(1) この授業を受ける前であればなんとも思っていなかったような文が、「短文 100 題」の中にはたくさんあった。翻訳という観点でアプローチする大切さを学んだことで、文の見方が変わった。

(2) 日常会話で使う日本語を意識して話すきっかけになった。

(3) ためになった。でも正直はじめは必要なのかなと疑問があった。

(4) 簡単そうに見える英語にも、自分の考えの及ばない訳し方がたくさんあった。

「グループ翻訳」:

(1) チームで考えることは、想像力を共有すること。毎回様々な見方を見つけることができて楽しかった。英語の面白さに触れることができた。

(2) 一人だと間違っていても誰も指摘してくれない。多少時間がかかっても正確な訳ができるのでよかった。

(3) 一人だと意味を決めつけてしまうので、意見交換ができてよかった。

(4) グループで翻訳するのは時間がかかるため、各自の予習を前提にした方がよい。

「例文 200 題」:

(1) 例文を集めていくうちに普段自分がどんなところでつまずいているのか分析できた。特に感じたのは、英語の意味にはいろいろな取り方があるということ。今後も個人的に続けていきたい。

(2) 「短文 100 題」と同じレベルの文を探すのが難しかった。長く難解なものばかりになった。

(3) しんどかった。意味がわかっているのにそれを別な言い方にすることには慣れていない。

(4) これから使いたい表現を見つけ、まとめて、繰り返し見ることができるので、便利だと思う。

(5) いろいろな英文を読むきっかけになった。

(6) 200題は多い。100題がちょうどいい。

(7) 大変だったが、自分で探し、考えることは、よい勉強になった。

(8) 英字新聞と日本の新聞を読むきっかけになった。

(9) 自分に合った文を見つけるのに時間がかかった。今まで直訳しかしてこなかったため、正解がわからず困った。

「短文100題」と「グループ翻訳」は予想通りの感想だった。「例文200題」は、すべて課外で行う課題だったので、学生には過大な要求だったかもしれない。しかしこれは独力で学習を深めることができる方法だと考えているので、学生には力を入れてほしかった。感想を見ると、期待通りの受け止め方をしてくれた学生と、苦労した学生がいるようである。後者は、(2)と(3)と(9)に見られるように、自分で文を探すことと、複数訳を作ることが難しかったようである。これは普段使うことを意識して英語を読んでいないことと、日本語の語彙が乏しいことに原因がある。語彙の増強に関しては、英文科の学生には翻訳（きちんと訳すこと）が欠かせないと思われる。

6.9 「翻訳入門」の応用

以下は「通訳・翻訳プログラム」ではなく、筆者のゼミでの実践例である。この指導方法の開始は「翻訳入門」よりかなり前になるが、考え方は「翻訳入門」の応用として捉える方が自然である。筆者のゼミでは、英米の短編小説を読んで、あらすじ、感想（それぞれA4で1枚）を英語で書かせている。その時の留意点を、日訳とは逆に、いわゆる「和文英訳」するのではなく、「日本語と対応する英語表現を当てる」ことであると指導している。

しかし、現実には、(1)英語のインプット量が少ない。(2)そのため和英辞典で拾った単語で「和文英訳」してしまう。(3)また、はじめに日本語で概要を書くのはよいとしても、不正確であいまいな日本語があり、(4)それを無自覚に「和文英訳」しようとする、などの問題があることに気づいた。それを学生が自覚し、自ら改善できるように、次のような注意と手順を示し

第 6 章　「翻訳入門」　133

ている。

注意と手順

　レポートの中には、英語として意味をなさない、日本語のような文、意味不明な文が散見する。それは英語を下支えしている日本語の無自覚、無反省な使い方と、それをそのまま「和文英訳」しようとする姿勢に原因がある。英文を書くコツは、「和文英訳」することではなく、適切な表現を見つけ、利用することである。

　したがって、英語を書くときは、授業で調べた単語や熟語、電子辞書で調べた例文などを参考にして、まず使えそうな単語とフレーズをリストアップすることから始めること。日本語で概要を書くときは、日本的な言いまわしを避けて、対応する英語が調べやすい表現を使うこと。リストが完成したら、「和文英訳」の弊害を避けるために、英語だけの作業に持ち込むこと。

　評価のポイントは、高尚な英語が書けることではなく、これまでに学んだフレーズ、文法をいかに使い回せるか、簡単な表現で伝わる英語がどこまで書けるかである。確実に知っている表現だけを使えば、間違えることはない。

　このような注意、手順を示すことで、学生のレポートが読みやすくなったことは事実である。中には随分上達する学生もいるが、反面、いくら言っても理解してくれない学生がいることもまた事実である。

6.10　まとめ

　以上、概説したように、筆者の「翻訳入門」は、英語学習を取り巻く日本の環境の現実を踏まえて、英語力増強には翻訳の学習が必要であること、翻訳とは逐語的に「訳す」ことではなく、対応する日本語、社会で使われる成熟した日本語を当てることであると教え、学生の認識を改めることから始めている。その基礎訓練として「短文 100 題」、応用として英字新聞の翻訳を行う。訳しにくい文については、部分訳から全体訳を組み立てるという方法を勧め、そのための「翻訳の手順」を作って指導を試みている。また、英訳

の考え方も基本的には同じであるため、翻訳を通してネイティブが使う言い方を豊富にインプットすることを勧め、日英双方向の表現集「例文 200 題」を作らせている。このように、翻訳の姿勢を学ぶことに主眼を置き、上級 3 科目（「翻訳研究 I（英日ビジネス翻訳）」、「翻訳研究 II（文芸翻訳）」、「英語研究特講（日英ビジネス翻訳）」）への基礎固めとしている。

注
1　上記 3 科目は 2017 年度に「実務翻訳演習 I（英日）」、「文芸翻訳演習」、「実務翻訳演習 II（日英）」と名称変更した。

引用文献
築道和明. （2012）. *Vivid English Communication I*（平成 24 年）. 第一学習社.

渡邊敏郎・Skrzypczak, E.・Snowden, P.（2003）.『新和英辞典第 5 版』. 研究社.

著者不明.（2015, February 22）. Prince Williams comes to Japan. *The Japan News*（The Yomiuri Shimbun）.

Gallagher, P.（2015, January 2）. Mark Zuckerberg's annual challenge: facebook founder asks fans what he should do in 2015. *The Independent*.

Longman.（2008）.『ロングマン現代英英辞典 5 訂版』. 桐原書店.

Trappes-Lomax, H.（Ed）.（1997）.『オックスフォード英英活用辞典（Oxford learner's wordfinder dictionary）』. Oxford University Press.

第7章
「文芸翻訳演習」の可能性を探る
―2年間の実践例を通して

市川薫

7.1　はじめに

　本章で取り上げる「文芸翻訳演習」は「通訳翻訳プログラム・翻訳コース」の Step 2-b として位置づけられている科目である。この科目は週に1回、15週の授業からなり、対象は原則として英語英文学科の2年生以上で、Step 1 の「翻訳入門」の単位を修得していることが履修条件である。ちなみに「翻訳入門」の履修条件は TOEFL-ITP450 点以上、TOEIC500 点以上、英検2級以上である。科目名称は異なるが文芸翻訳を柱とする授業を 2014 年度に開講したので、実質的には 2017 年度が4年目ということになる。過去の受講者数は毎年度 10 名から 15 名であり、今後も 20 名を超えることはないと思われる。

　本章では、「文芸翻訳演習」の 2014 年度と 2015 年度（2016 年度も 2015 年度とほぼ同じ内容で行った）の実践例を紹介しながら、それが大学の英語教育として、また学生たちの文学・文化への理解を促すための方法としてどのような役割を担いうるか、その可能性の一端を示してみたい。

7.2　「文芸翻訳」の前に―「読む」という行為への意識付け

　翻訳の基本が「読む」ことにあるのは言うまでもない。ところが、この「読む」という行為について大学入学前の段階でしっかりとした訓練を受けてきていないのが今の学生である。もちろん、「教科書」は読んできただろうし、受験勉強もしてはいるが、それらは求める情報（つまり「解答」）を求

めるための作業であり、本当の意味での「読む」行為ではない。インター
ネット検索も同様で、求める情報が得られればその行為はそこで完結してし
まう。受験偏差値が比較的高い学生であっても、書かれている場面や状況、
文脈、背景などを丁寧に読み取り、それを再構築して意味を発見するという
本来の読みのプロセスを会得しているケースは決して多くない。

　このような状況を嘆いていても仕方がない。人文系の学部なのだから学生
たちは本を読まされることは承知のうえで入学しているはずだ、と決めつけ
るのも間違いだ。私たちが知っておかなければいけないのは、2人に1人が
大学に進学する時代となり、学生たちは入学段階ではまだ「大学生」になっ
てはいないということである。それでは、彼らを「大学生」にさせるため
に、自分は何をサポートできるのか。小説の研究者として筆者にできること
は、「読む」という行為への動機づけであり、それをより明確な形で示した
のが「文芸翻訳」という科目である。

　筆者は英語英文学科1年生の必修科目「Reading I・II（2016年度までは
Reading and Grammarという名称）」を15年以上にわたって担当してきた。
「読む」ことへの動機づけはこの授業から始まる。この授業では初回から6
回目ぐらいまでは文法の解説を行う。内容は8品詞と5文型のみだが、文
法が英語を読むうえでいかに大切かを伝えることも目標のひとつである。こ
のステップが終了した段階で確認のテストを行うが、「8品詞について例文
を用いて説明せよ」「5文型について中学生にわかるように説明せよ」とい
うのが試験問題であり、100点が取れるまで（ただし、追試は2回まで。幸
いなことに過去ここで挫折した学生はいない）繰り返す。その後、文学作品
の読解に移るわけだが、その際、次の「練習」を行わせ、「読む」ためには
どのような姿勢が必要かを具体的に示すことにしている。

〈練習〉
Step　1：まずは次の英文をざっと読んでみましょう。

　　"Do you see that mountain just behind Elizabeth's toque? A young man fell
in love with me there so nicely twenty years ago. Bob your head a minute, would

you, Elizabeth, kindly."

"Yes'm," said Elizabeth, falling forward on the box like an unstiffened doll. Colonel Leyland put on his pince-nez, and looked at the mountain where the young man had fallen in love.

"Was he a nice young man?" he asked, smiling, though he lowered his voice a little on account of the maid.

（E.M.Foster, 'The Eternal Moment' の冒頭部）

Step　2：上記の英文を知らない単語に下線を引くなどしながら丁寧に読んでみましょう。

Step　3：上記に英文の各行に行数字を記入してから、次の質問に答えてください。

① toque, pince-nez, on account of について、辞書で調べなさい。

② Elizabeth, Colonel, Leyland はそれぞれどのように発音するでしょうか？

③ 4行目の Yes'm の 'm は何の省略なのでしょう？

④ 2行目の Bob の品詞は？　人の名前？　それとも……？

⑤ 4行目の unstiffened doll とはどんな人形でしょう。stiffen という単語を手掛かりにして考えてみましょう。

⑥ 7行目（下から2行目）に he lowered his voice とありますが、この人はなぜ声をひそめたのでしょう？

⑦ いま、この場所にいるのは何人ですか。

⑧ そのうち、名前がわかっているのは何人ですか。また、その人たちの名前は何ですか？

⑨ そして、その人たちの関係はどのようなものだと推測できますか？

⑩ 最後に、翻訳家になったつもりで全体を訳してみましょう。

　この練習をすると学生たちが一文一文を理解しようとするだけで、文章を全体として理解しようとしないことがわかる。また、文脈を無視して辞書を引くケースも多く見受ける。そして、上記の「⑥7行目（下から2行目）に

he lowered his voice とありますが、この人はなぜ声をひそめたのでしょう？」という質問にはほとんどの学生が戸惑ってしまう。

　以上の練習を通して、伝えるのは以下の事柄である。

(1)　辞書を「徹底的に」引く／調べること。
この段階で発音辞典をはじめ各種の辞書・事典を紹介する。なお、辞書の基本的な見方（品詞、発音記号、用例の重要性など）については文法学習の際に時間をかけて説明する。
(2)　場面・状況を具体的に思い描くこと。文脈を追うこと。
(3)　人間関係について検討すること。

この練習に続いて Oscar Wilde の *The Happy Prince and Other Stories* の読解に入るのだが、そこでは「日本語としてわかる訳文を作る」ことを目標とさせる。「意味はわかるけど、日本語にできない」という言い訳は認めない。母語に転換できない場合は英文の理解がじゅうぶんではないと考えるからである。1年間でおよそ4作品から5作品の短編を読み、年度末には授業アンケートを行う。毎年、自由記述の欄に「辞書の引き方がわかった」「大学らしい英語の勉強の仕方がわかった」「（英語）は読めなきゃだめだとわかった」などの感想が散見されるので、こちらのメッセージを受け止めてくれた学生が一定数は存在しているようであり、それを励みに翌年の授業へと向かうことになる。

　先ほど紹介した練習は同僚諸氏の理解と協力を得て「Reading I」のすべてのクラスで行っているが、「文芸翻訳演習」の初回の授業ではこれを再度使用することにしている。なぜなら、ここには「文芸翻訳」のエッセンスとも言うべきものが組み込んであるからである。幸いなことに「文芸翻訳演習」の受講生は動機も高いために1年生の時にこれを読んだことがあることを思い出す場合が多く、授業の導入としては効果的である。

7.3　積極的訳読主義としての「文芸翻訳」

　語学力の向上のために文学作品を読むのは、その言語のもっとも優れた表現が文学作品にあるからである。筆者自身そう教えられ、今もそれを信じている。コミュニケーションの道具として英語を駆使することの重要性、あるいは楽しさは微塵も否定する気持ちはないが、そのコミュニケーションにしても文学作品を知ることでさらに豊かになるはずである。また、映画などのサブカルチャーも文学作品を土台にしていることが多いため、それを知っていれば理解もさらに深まり、会話も盛りあがるはずである。

　本学に限らず、現在、英語英文学科に入学してくる学生の多くは英語でのコミュニケーション能力を身に付けることに最も大きな関心がある。新入生に日本文学、外国文学を問わず何か文学作品を読んだことがあるかと尋ねても、高校の教科書以上の回答は得られない。もちろん、シェイクスピアもディケンズも読んだことはない。しかし、内容的には稚拙ながらも、先に紹介したような1年次の読解の授業を通して、あるいは入学後の何かを契機にして、文学作品を読むことの大切さ、おもしろさに気づく学生も確実に存在している。そして、そのような学生の多くは一定以上の英語力を有す勤勉な学生であり、「文芸翻訳演習」は彼らの文学的、語学的興味の受け皿として成立する。

　文献や作品を正確に読むために、「訳読」型授業は必須である。もう30年近く前になるが、ケンブリッジ大学での在外研修の機会を与えられた。当大学を選んだのは筆者が研究している E.M. フォースターの母校であり、著名な研究者もいたためだが、1年間の研修中に日本語学科の教員たちに会う機会を得た。そこで、日本語能力の向上のためには何が必要かと尋ねたところ、即座に translation だとの答えがあった。彼らと「外国語を読んで適切な母語に置き換えることのできない場合は理解がじゅうぶんではない」という考え方を共有できたことは、イギリス小説の研究者であるとともに語学教師である筆者にとってその後の大きな支えとなった。

　訳読型授業は、本学のカリキュラムでも Reading や日本人の担当するゼミナール（複数履修可）などいくつか並んでおり、これらの授業とともに専門

の講義をしっかり学べば読解力も鑑賞力もじゅうぶん身につくはずである。にもかかわらず、そこにあえて「文芸翻訳演習」という科目を加えたのは、「訳読」を先鋭化して「翻訳」という明確な目的を提示するためである。さらに、学生たちは翻訳という作業に憧れにも似た感情を有していることから、「自分は今この授業で翻訳をしているのだ」という充足感も与えることができる。

　さて、その「文芸翻訳演習」の授業をどのように展開するか。わずか15回の授業で、将来の翻訳家養成を目標とすることはできない。また、斎藤兆史氏が2007年に『翻訳の作法』で示しているような水準の授業を本学で行うことも難しい。受講生はある程度の語学力はあるものの文学的教養は拙い学生たちである。しかし、その一方で彼らは「勤勉さ」という翻訳という作業にとって何物にも代えがたい長所を備えている。以下は、そのような学生を対象とした「文芸翻訳演習」の2014年度と2015年度の実践例である。

7.4　2014年度の実践

　「翻訳研究II」という科目名称であったが、文芸翻訳の授業は2014年度にスタートした。受講生は英語英文学科の2年生から4年生の12名であった。全員英検2級以上の英語力がある。授業では、英語読解上重要でありながらも学生がつまずきやすい項目を択び、①例題を用いた説明、②短い文の翻訳練習、③30語から60語程度の課題演習（2題出題することもあった）、という流れで進めた。③については授業の2日前の正午までに訳文を担当者にメールで送るよう指示し、担当者はそれを添削し、次の授業の冒頭で簡単なコメントとともに返却し、さらに陥りやすい誤りや優れた訳については書画カメラ（OHC）を使って紹介・説明するようにした。

　各回の授業の項目と狙いは以下のとおりである。

第1回：人称代名詞
〈狙い〉he, she をいつでも「彼」「彼女」と訳していては日本語にならない。逆にこれをうまく処理すると日本語らしい表現になる。このことに加

え、主語をしっかりとらえること、代名詞が何を示しているかを常に意識することの重要性を伝えることを主眼とした。

第2回：関係代名詞（1）接続詞を補う。

第3回：関係代名詞（2）いったん切る。

第4回：関係代名詞（3）分解する。

第5回：関係代名詞（4）解体する。

〈狙い〉「関係代名詞」については『英日翻訳トレーニング・マニュアル〈I〉』(1989) に依拠して説明枠を設けた。関係代名詞をいつも後ろから訳してしまう学生は今も多い。その固定観念を振り払い、修飾関係さえ間違えなければ、ある程度自由に訳してよいことを周知し、実際に様々なパターンの訳例を示した。関係代名詞は英語読解・翻訳、いずれにおいても極めて重要な項目なので、時間をかけてできるだけ多くの英文に触れさせることにした。

第6回：比較表現（1）

第7回：比較表現（2）

〈狙い〉英語は日本語にくらべ比較構文が豊富であり、かつてはこれに習熟するよう受験勉強の段階で相当の訓練をさせられたが、今の高等学校ではそれほどでもないため、no more, no less、などを目にするだけで学生は戸惑ってしまう。何と何が、何を判断基準として比較されているか、このことを読み取り、それを日本語らしい表現として示すことをめざした。

第8回：仮定表現（1）

第9回：仮定表現（2）

〈狙い〉仮定法もまた難解である。ifで始まる文であればそれとわかるが、実際にはそのように単純なケースは少ない。助動詞に注目して仮定表現を読み取り、それを日本語らしい表現として示すことをめざした。ここでは、婉曲などニュアンスについても十分検討するように指示した。

第10回：話法（1）

第11回：話法（2）

第12回：話法（3）

〈狙い〉直接話法、間接話法、に加えて描出話法についても説明する。会話部分は訳すと面白いので、学生たちが提出した様々な訳文を示しながら、検討を重ねた。

第13回：実践演習（1）

第14回：実践演習（2）

第15回：実践演習（3）

〈狙い〉仕上げとして、アイルランドの作家 William Trevor の 'The Piano Tuner's Wives' の翻訳を試みた。学生を2つのグループに分け、それぞれに半頁ほどの訳文を提出させ、OHC を使って全体で検討をした。

　以上が初年度の授業内容である。受講生は提出物を忘れることはほとんどなく、授業中の解説もしっかり聞き、ノートも取り続けた。担当者も毎回丁寧な添削をこころがけ、OHC の資料作りにも工夫を凝らした。それは、充実した授業空間であったと言ってよいだろう。

　しかし、この授業には大きな失敗が2つあった。第一の失敗は、各回の解説の折に「模範訳」を示してしまったことである。というのも、模範訳を示すと学生たちは探していたものを見つけたかのように安心してしまい、そこで考えることをやめてしまうからである。また、添削のコメントも同じ理由からこちらの期待ほどの効果をあげないことがわかった。自分の訳文について徹底的に考え検討させるにはどのような方法が望ましいのか。それが次年度に向けての大きな課題となった。

　第2の失敗は実践演習である。選択した作品が、英語もさることながら、内容的に難解すぎた。さらに、その難しい作品について内容の読み合わせもせずに、いきなり翻訳に入ったことも大きな間違いであった。実践演習にどのような作品を択び、どのようにアプローチすべきか、これもまた大きな課題となった。

　これら2つの大きな失敗を反映して授業アンケートでは「（英語の読解力は向上したように思うが）、それよりも翻訳の難しさがわかった」という回答が続出した。「難しさ」だけではなく、「楽しさ」も伝えなければ、彼らは

第 7 章 「文芸翻訳演習」の可能性を探る　143

翻訳への興味を失ってしまうはずだ。かくして、2年目となる2015年度には授業計画を大幅に見直すことを余儀なくされた。

7.5　2015年度の実践

　2015年度は初年度の反省をもとに以下の方針に基づいて授業を組み立てることにした。

⑴　解説や説明は必要最小限にとどめること。
⑵　そのかわりに授業中に考える時間を設け、考えた末の質問に答えるようにすること。
⑶　「模範訳」は原則として示さないこと。
⑷　学生同士の意見交換をさせること。
⑸　「達成感」を与えること。

15回の授業は以下の通りである。

第1回：イントロダクション：翻訳に解答はない！
第2回：翻訳技法⑴ずぼら厳禁—とにかく調べよう！
第3回：翻訳技法⑵「名詞」をそのまま訳すとわかりにくい！
第4回：翻訳技法⑶できる限り原文の流れにそえ！
第5回：翻訳技法⑷形容詞に注意せよ！
第6回：翻訳技法⑸動詞に注意せよ！
第7回：翻訳技法⑹やっていいこと、いけないこと！　演習1の作品を配布
第8回：短編小説翻訳演習1－⑴
第9回：短編小説翻訳演習1－⑵
第10回：短編小説翻訳演習1－⑶
第11回：短編小説翻訳演習2－⑴演習1の全員の英文を配布、演習2の作品を配布
第12回：短編小説翻訳演習1－⑷演習1の合評会

第 13 回：短編小説翻訳演習 2 −（2）
第 14 回：短編小説翻訳演習 2 −（3）
第 15 回：短編小説翻訳演習 2 −（4）演習 2 の合評会

　第 1 回から第 6 回は 2014 年度の第 1 回から第 9 回までを圧縮した内容である。課題を提出させて、それを添削するという方法は維持したが、「模範例」を示すことはせず、OHC では学生の訳文の中から優れたものを複数択んで提示し、全員で意見交換をした。この作業と添削のコメントによって自分の訳文を見直させることが目的である。その結果、担当者の一方的な説明よりも、基本的な翻訳技法についての意識は向上したようである。

　第 7 回はこれまでの復習と次回から始まる短編小説翻訳演習の準備として、河野一郎氏の『翻訳のおきて』の「第 6 のおきて」に述べられている「やっていいこと・やってはいけないこと」を紹介することにした。翻訳の指南書は数多く読んだが、翻訳の要点が同書ほどわかりやすく整理されているものはなかった。

　前年度と大きく変更したのが第 8 回以降である。文学作品の翻訳は作品を読了し、どのような作品であるかを咀嚼したうえで行うのが常である。作品を読み、場所と時間、ストーリー、人物、テーマなどをしっかりと掴み、それを訳文に反映させるところにこそ文芸翻訳の醍醐味がある。これを学生たちに経験させることで文学作品への興味や関心を喚起できるし、1 つの作品を訳出できれば達成感を与えることもできる。しかも、それを 2 回するという欲張りなことを考えた。

　作品の選択が成否の鍵を握る試みだが、幸いにして 1 つ目の作品はすぐに決まった。『翻訳のおきて』に実践演習として収められている Langston Hughes の 'The Early Autumn' である。同書に頼り過ぎとの批判があるかもしれないが、分量（450 語ほど）、内容、英語のレベル、どれをとっても最初の翻訳作業にうってつけの作品であり、さすがに河野氏の選択と感嘆するほかない。

　この作品を翌週までに読んでくるように指示したうえで 7 回目の授業で

配布する。このとき丁寧な下調べは要求しない。8回目の授業では、学生たちに順に音読させながら、内容を確認し、後半では作品の理解を深めるために感想を述べあう時間を設けた。

　第9回、第10回の授業では、いよいよ訳文と取り組むことになる。1週間で全訳をしてくる学生もいれば、半分ほどしか訳していない学生もいるが、そのペースは学生に任せている。教室にはパソコン、辞書、何を持ち込んでも自由である。また、授業中に図書館に行くことも許可しているし、スマートフォンを使うことも認めている。教室では基本的に翻訳の作業を行うが、その間に担当者はそれぞれの訳文を見て回り、質問があれば問題解決のためのヒントを与える。そして、英文解釈のレベルで多くの学生がつまずいているところについては授業の後半で解説をする。

　2週目になると学生たちはほとんど全訳を終えているので、訳文をめぐる質問が増える。この作品はかつての恋人との再会を描いたものだが、女の側、男の側それぞれにどんな風な話し方をさせたらよいか、舞台はニューヨークのどのあたりか（こういう場合はインターネットが役に立つ）、などの質問が相次ぐ。そうして、第11回の授業の3日前までに訳文をメールで提出させ、担当者はそれをすべて製本し、11回目の授業の時に配布する（名前は仮名に変えておく）。なお、11回目の授業では2つ目の作品を配布して前半を音読し、2週間後までに全体を丁寧に読んでおくように指示する。

　全員の訳文を配布する際に、第12回の授業では合評会をするので、全員の訳文を読み、良いと思うものを3つ択び、順位をつけてくるように伝える。合評会では受講生の人数にもよるが、ひとりの訳文について7分ほどを目途に意見交換をする。2015年度は全体をリードしてくれる学生がいたので、この意見交換がずいぶんと盛り上がった。授業アンケートを読むと学生たちがこの合評会をとても喜んでいることがわかる。「自分と人のものとの比較ができるし、他の人から意見を言ってもらえて嬉しい。みんなの翻訳を読むと、人の個性が見えてきておもしろかった」というのが代表的な意見である。ちなみに、合評会を敬遠する意見は1つもなく、「第3者の意見が聞けていい。何も言われなかったら悲しいが」というのが彼らの本音のよう

である。

　合評会に続いて、投票を行い、1位を3点、2位を2点、3位を1点として合計得点を出す。これを2つ目の作品についても行い、合計点の最も高かった学生には、担当者の訳書をプレゼントすることにしている。

　以上のようなプロセスを2つ目の作品についても行った。択んだ作品はKatherine Mansfield の 'The Little Girl' である。1,500語ぐらいあり、英語のレベルもやや高くなるが、冬期休暇もあるため時間的には問題ないと判断した。実際、受講生からもそのような回答をえることができた。なお、この作品には訳書もあるが、学生たちはそれを参考にしている様子はまったくなかった。むしろ、「読んでしまうと影響を受けてしまってつまらない」という心強い声を聴くことができた。

　Mansfield の作品は技法的にも、内容的にも十分な検討が必要だが、学生たちはそのような作品と真剣に向き合っていた。英語を読み込み、それを日本語にする作業を通して文学作品を読む面白さの一端を知ったと言っても間違いないであろう。

7.6　おわりに

　以上は、学部学生を対象とした「文芸翻訳演習」のあらましである。授業の目標は、英文読解力の向上と文学作品理解への橋渡しの2つ、それを達成するための方法は、教材の選択や授業の構成もさることながら、初年度の反省から授業中も含めてとにかく学生自身に考えさせることを主眼にして案出した。

　文学の正体は言うまでもなく言語である。その意味で、文芸翻訳はまさに文学的な作業であるといえよう。文学離れが著しい学生たちにむけて、翻訳という手段を用いて英文学の正体である英語という言語と真正面から向き合わせることは大学ならではの取り組みともいえよう。筆者の実践はもとよりささやかなものでしかなく、いまだ緒に就いたばかりだが、学生たちの次のような声がある限り、続けてゆくことができそうである。

「この授業をうけて翻訳のことが大好きになりました。日本語の難しさを知り、作者と作品の距離感の大切さ、たくさんのことを学びとても良い授業でした。本当にスキルアップにつながるとても良い授業でした。」

「自分で工夫して1つの作品ができるので、達成感がありました。日本語を勉強するのが必要だと思いました。」

「自分の納得できる翻訳をするにはとても時間がかかるということがわかりました。また、自分には知識が足りないということがはっきりわかったので、これからはたくさん本を読むなどして勉強したいと思います。」

引用文献

片岡しのぶ・金利光. (1989). 『翻訳英文法方式による英日翻訳トレーニング・マニュアル〈1〉名詞・代名詞・形容詞・副詞篇』. バベル・プレス.

河野一郎. (1999). 『翻訳のおきて』. DHC.

斎藤兆史. (2007). 『翻訳の作法』. 東京大学出版会.

第8章
「翻訳研究Ⅰ（英日ビジネス翻訳）」・「英語研究特講（日英ビジネス翻訳）」実践について

高橋洋之・岸本晃治

8.1 授業の趣旨

「翻訳研究Ⅰ（英日ビジネス翻訳）」および「英語研究特講（日英ビジネス翻訳）」の授業では、①最新のビジネス翻訳の状況を踏まえて多様な日本語・英語の文に触れることを通し、②英日翻訳・日英翻訳の基本的技術と取り組み方について学習し、③実際のビジネス翻訳の現場と同じくチームで1つのアウトプットを作り上げていく経験を積ませることをねらいとしている。学習の到達目標としては、ビジネス翻訳の基本を習得するとともに、その基盤となる英語力（文法力・読解力）および基本的なビジネスの知識と技術的な知識を身につけてもらうことを目指している。

本授業では「対象読者（オーディエンス）を意識して文章を書く」ことを特に重視している。ビジネス翻訳には、原文を訳文に置き換えるだけではなく、わかりやすく伝えること、そしてビジネスの成功を導くという目的がある。対象読者を具体的に想定することで、学生たちに「対象読者にとって適切か？」という観点から自分の訳文を見つめる習慣をつけてもらいたいと考えており、適否の基準として用語は適切か、わかりやすい書き方か（テクニカルライティング）など、いくつかの基準を提示し指導している。

本授業の最大の特徴は、翻訳会社（株式会社アビリティ・インタービジネス・ソリューションズ（以下「AIBS」））の翻訳部門責任者と現役のフリーランス翻訳者の2名が講師を担当している点である。実際の翻訳現場に即した授業内容を構成できるという強みがあるほか、仕事としての翻訳の魅力や

厳しさを伝えることができる。また本授業の上位ステップとして学生には
AIBS でのインターンシップ体験の機会を提供しており、翻訳に関連するよ
り実践的な業務や最新のソフトウェアを使った翻訳などを経験できる。座学
から実践体験へと高めるルートがあることは特筆すべき点であると思われ
る。

8.2 教材について

　授業の教材は、ヘッドホン、除湿機、冷蔵庫、携帯電話のポイントプログ
ラム、食堂でのメニューの注文方法、自撮りなど、学生にとって比較的身近
で、内容について想像がつきやすい題材を中心に選んだ。実際の翻訳業務で
は一般的でも、自動車や産業機械、ICT（情報通信技術）など、学生にはあ
まり触れる機会がない産業翻訳系の題材は意図的に避けるようにしている。
また、最新のビジネス翻訳の一端に触れてもらうことも本授業の目的のひと
つであるため、学生があまり詳しくないと思われる分野でも、スマートフォ
ンのアプリ、Wi-Fi で動作するゴミ箱、スマートロック（スマートフォンの
アプリで家の鍵を開閉する仕組み）、モバイルサイトが表示されるまでの時
間とユーザーの反応の関係といった、最新のビジネス動向を反映した題材も
一部使用している。ただし、表 1、表 2 を見ればわかるように、複雑すぎる
題材は選んでいない。

表 1.「英日ビジネス翻訳」における授業内容と使用教材

	内容	教材
1 回	ビジネス翻訳とは？（翻訳の 3 分野、翻訳業務の流れ、翻訳業界について）	ヘッドホン、床洗浄ロボット
2 回	検索ツール等と翻訳者に必要なスキル・勉強法	スマートロック
3 ～ 5 回	ビジネス翻訳の基本「テクニカルライティング」	テクニカルライティング演習、除湿機、冷蔵庫、社内メール
6 回	メールの翻訳	社外メール（携帯電話のポイントプログラム）

第8章 「翻訳研究I（英日ビジネス翻訳）」・「英語研究特講（日英ビジネス翻訳）」実践について　151

7回	マニュアル・手順の翻訳	切符購入方法（窓口、オンライン）
8回	マーケティング系文書の翻訳①	シナモンロール、コーヒーショップ
9回	確認テストと解説	
10回	レポート・報告書（インフォグラフィック）の翻訳	SNSの比較、モバイルサイトの表示時間とユーザーの動向の関係、自撮り
11～12回	Webサイトの翻訳	航空会社のキャンペーン
13回	プレゼン資料の翻訳	コーヒーショッププレゼン資料
14回	マーケティング系文書の翻訳②	Wi-Fi ゴミ箱
15回	確認テストと解説	

表2.「日英ビジネス翻訳」における授業内容と使用教材

	内容	教材
1回	日英翻訳の概要（英日との違い、注意点、取り組み方など）	「Tricks for Natural English」演習、セルフサービス式食堂での注文方法
2～3回	メールの翻訳①、会社紹介文の翻訳 日本語と英語の記号の用法の違い	社外メール、会社紹介文
4回	プレゼン資料の翻訳	千利休
5回	指示・インストラクションの翻訳	ICレコーダー
6回	マーケティング系文書の翻訳	冷蔵庫
7回	メールの翻訳②	社内メール
8回	確認テストと解説	
9回	FAQの翻訳	ポイントカード
10回	観光案内の翻訳	食券の購入方法
11回	商品・サービス紹介文の翻訳	温湿度計
12～14回	プロジェクト	スマートフォンアプリ
15回	確認テストと解説	

　なお、いずれの題材も内容自体に関して調査を行う必要がある。たとえばコーヒーショップを題材にした教材では、多くの学生にとってはあまり一般

的でないと思われるカプセル式のコーヒー抽出機が登場するため、コーヒー抽出機とは何かについて調べなければならない。実際のビジネス翻訳においても内容調査・内容理解のための調査は翻訳作業に欠かせないプロセスとされている。そのため事前に課題の内容について詳しく解説することはせず、たとえば「以下のメールは、Rewards プログラムの廃止について携帯電話会社からユーザー宛に一斉送信されたものです」など状況の説明のみに留め、情報の探し方を指導していく。

　このような教材構成を選んだ主な理由は2つある。1つは、多彩な切り口で、学生にとって親近感のある題材や興味を持てる題材に触れること自体が学習のモチベーションを刺激すると考えたからである。そしてもう1つは、多くの学生はビジネス全般に対する知識や専門知識が不足しているため、あまり難易度の高いものは題材として取り上げにくいということである。特に後者は学生を対象にビジネス翻訳の授業を実施する際には避けられない問題であるが、本授業では、将来的に学生たちがビジネスの知識や専門知識を習得したときのために、現時点での成果物／アウトプットだけでなく、そこに至るまでの方法やプロセスもなるべく指導するよう努めている。

　なお授業アンケートによれば、教材全般について「知らない分野を知ることができて良かった」というものと「知らない内容が難しかった（よくわからなかった）」というものの両方の感想が見られた。

8.3　授業の構成

　毎回の授業の基本的な流れは以下のとおりである。
1. 前回回収した課題を返却・解説
2. 前回の課題をグループワーク・交換チェックで仕上げる
3. 今回の授業のポイントを説明

　まず課題として、毎回 150 ワード程度を日訳・英訳してもらっている。初年度はグループ内で事前にレビューまで終わらせたうえで授業に持参してもらうという形にしていたが、事実上レビューなしで提出するグループや、

人間関係のトラブルが起きるグループなどがあり、2年目以降は授業中にグループワークでレビューして提出してもらうことにした。

「1. 前回回収した課題を返却・解説」では、前回の授業中に提出してもらった課題にコメントと評価を加えたものを返却し、総評、良い例・悪い例など、適宜解説を行う。課題の評価は、日訳・英訳とも誤訳（原文解釈）、表現の巧拙さ、ミスを中心にチェックし、グループ単位で評価している。

「2. 前回の課題をグループワーク・交換チェックで仕上げる」では、2～3名のグループを組み（こちらから指定、または自由に）、いずれかのグループメンバーの課題を「叩き台」として、授業中に相互レビューして提出してもらっている。全員分を提出するのではなく、グループ内で話し合って1つの課題のみを提出する、という形をとっている。叩き台にする課題はなるべく全学生に満遍なく行き当たるように、誰のものを使用するかこちらから指定したり、グループに選択を任せたりした。グループに任せた場合には口頭で「前回とは違う人のものを使うように」などと指導したが、課題をやってきていない学生や、グループメンバー全員の評価に影響があるということで事前に擦り合わせている学生がいたりしたため、満遍なく、という意味ではうまく機能していない場合もあった。なお、グループで提出する課題以外に、個人での課題提出も募った。その場合はコメントのみをつけ、評価はグループワークのものを使用した。

グループワークのねらいとしては、他の学生との共同作業を通して気付き・理解・表現力向上を促すなどの目的が一般的かと思われるが、本授業では、学生たちに欠けているビジネス知識や専門的知識を複数人で補い合う効果を期待している。また実際のビジネス翻訳の現場では「翻訳者2名＋校閲者1名」など、複数人で役割を分担しながら1つのアウトプットを作り上げていくことが日常的に行われているという実態に鑑み、そのような作業プロセスに慣れるという意味も持たせている。

「3. 今回の授業のポイントを説明」では、「社内メールの翻訳」、「プレゼン資料の翻訳」など、それぞれの文書タイプに合わせてどのような文体・用語で訳すのが適切か、どのようなテクニックを使用すると効果的か、といった

状況に応じた訳出方法を中心に説明している。たとえば、プレゼン資料の英訳はスペース面で制約があるため、数字は基本的に算用数字で表記する（スペルアウトしない）、社内向けのメールと顧客向けのメールでは礼儀正しさ・丁寧さの点で差があることを意識する、などの説明を行っている。前述のとおり、技術寄りの課題であっても事前に技術的内容についての解説はせず、訳文のスタイルについての説明のみに留め、必要があれば、課題返却時に翻訳に関する説明に加えて題材の内容自体に関する解説も行っている。

8.4　具体的な指導内容

　前述のように本授業の指導目標の1つは、対象読者や文の目的、状況を意識しながら訳文を作ることである。英語力や知識面の不足などがあり、いきなりプロレベルの訳文を作ることはできない。しかしながら、将来的に学生が必要な知識を身につけたときに備え、心がけるべき点・取り組む具体的方法として主に以下の点を指導している。

(1) 標準的な日本語・英語を使用する

　日訳であれば「ら抜き言葉」を使わない、英訳であれば標準的なパンクチュエーションの用法に従う、など、一般的に標準用法とされている表現・用語を使用するよう指導している。また、「1か月」「1ヶ月」などの表記を統一するよう注意を促している（図1）。

> ■特に実用文では標準的な日本語を使うよう心がける
> 「なるべく多くの人に正確に伝わり、相手を不快な気持ちにさせない」ように気を付けよう。
> ■標準的な日本語スタイル（必須編）
> ・主語‐述語は一致させる
> ・基本的に、新語は作らない、流行語・方言は使わない
> ・自動詞と他動詞を正しく使う（「動作する」、「操作する」、「実行する」、「プレイする」）
> ・「ら」抜き言葉（動詞の可能形「見れる」「食べれる」→「見られる」「食べられる」）
> ・間違えやすいカタカナ
> 　　×シュミレーション、△エンターテイメント

図1. 標準的な日本語の指導例（配布資料抜粋）

第8章 「翻訳研究I（英日ビジネス翻訳）」・「英語研究特講（日英ビジネス翻訳）」実践について　155

（2）対象読者・使用目的に対して適切な用語・表現を使用する

　たとえば selfie という語は、「自撮り」と訳すべきか、「セルフィー」としてもよいか、など、対象読者や一般への浸透度に基づいて訳語を判断すべき場合があることを伝えている。また、一般的にはカタカナ語の多用は避けるべきとされているが、マーケティング文書などではあえてカタカナ語を使うことで対象読者にアピールできる場合もあること、時代に応じて使うべき用語は変わることを説明している。たとえば、平成18年の国立国語研究所「外来語」委員会による『「外来語」言い換え提案』では「ログイン」の代替案として「接続開始」「利用登録」などを挙げているが、現在ではほとんどの読者にとって「ログイン」で問題ないことを紹介するなどしている。

（3）適切な文体・表現を使用する

　上記の「授業の構成」で触れた、社内向け文書・社外向け文書といった文章のタイプに応じた文体・表現の適・不適に加え、特に英訳の場合は「その表現が実際に使われているか」を確認するよう指導している。英語の母語話者でない学生たちにとってはインターネット検索は非常に重要なツールになるため、ワイルドカード検索など検索方法についても指導している。また、会社やサービスの正式名は必ず確認するよう指示している。

　インターネット検索については、こちらが期待する頻度で検索する学生はあまり多くなく、今後の指導課題の1つと考えている。本授業を受講している学生は総じて辞書をしっかり引く習慣ができており、その点については指導の必要はまったくないが、中には「辞書に載っている」ということで安心し、その用語・表現が実際にどの程度使用されているのかを調べることをしない学生もいる。本授業では、自分が使おうとしている表現が一般的か、また意図したとおり相手に伝わるかという観点も必要ということを伝え、なるべくインターネットで実際の使用頻度を調べるよう促している。

（4）テクニカルライティングの3Cに沿った書き方にする

　「テクニカルライティング」とは、技術文書などで使われる、専門外の人

を含む対象読者に事実を正確に伝えるための書き方である。テクニカルライティングは、主に技術系の文書を想定したライティング手法だが、「読者・目的に合わせて、わかりやすく、簡潔、正確（Clear, Concise, Correct: 3C）に伝える」という点はビジネス翻訳全般において非常に有効である。そのため「翻訳研究Ⅰ（英日ビジネス翻訳）」では、授業2回分を使って説明と演習を行い、小テストを実施して理解を促している。たとえば、3Cを実現するために避けるべき文として、「ファイルをすべてバックアップできませんでした」（ファイルをまったくバックアップできなかったのか、一部のファイルをバックアップできなかったのか、多義的解釈が可能であるため、Clear でない）、「まず初めに設定を行う」（重複表現のため、Concise でない）、「若者にフォーカスした製品」（安易なカタカナ語。ただし、対象読者によってはむしろ効果的なため、対象読者によって用語を変える例としても使用）といった表現を例示している。また、Correct の実現のためには誤訳を防ぐことが最も重要だが、セルフチェックなどで防げる訳抜けやスペリングミスなどのケアレスミスには特に注意するよう伝えている。

(5) コンテキストに気を配り、「文字どおり訳さない」可能性を考慮する

　この最たるものがいわゆる和製英語であるが、それ以外にも AA battery を「AA 電池」としない（「単三電池」にする）など、日英間で同一のものを指すのに呼称の異なるケースもよくある。また、言語構造の違いから、原文にない目的語などを加えなければならない場合や、ユーザー目線なのか製品提供側目線なのか、といった視点統一のために原文を変更した方がよい場合もあり、状況をしっかり想像して訳すよう指導している。

8.5　教材例と学生の訳例

　ここでは英日・日英の教材（問題）例と、学生の訳例、それに対する指導内容の例を挙げる。授業では特に問題のない解答、非常に質の高い解答もあったが、ここでは具体的な指導内容を示すためにそのような解答は提示していない。なお問題のうちの半数はインターネットのサイトから取得したも

第8章 「翻訳研究I（英日ビジネス翻訳）」・「英語研究特講（日英ビジネス翻訳）」実践について　157

のであり、それらについては章末に提示してある。

問題例・解答例（英日）

1. 床洗浄ロボット

【原文】Scrubbing floors doesn't happen as often as it should.

【学生の訳例】床掃除はひんぱんにできるものではないです。

【指導内容】一般的な室内掃除用のロボット掃除機ではなく床洗浄ロボットの説明なので、scrub を「掃除」と訳すのは不正確。

2. スマートロック

【原文】August Smart Lock installs in about 15 minutes with just a screwdriver and is powered by four AA batteries so there is nothing to wire.

【学生の訳例】ドライバーだけで約15分でとりつけ可能です。4つのAA（長持ち）の電池で可動しているため、コンセントにつなぐ必要はありません。

【指導内容】「とりつけ」は「取り付け」と表記するのが一般的。「4つ」は電池なので「4本」が良い。AA は日本では別の名称があるので、調べること。「可動」は誤字。「コンセントにつなぐ必要はありません」は結果的にはそのとおりだが、原文が言いたいこととは違う（コンテキストをしっかり考える必要あり）。

3. 除湿機

【原文】A dehumidifier helps maintain an ideal relative humidity level in the home.

【学生の訳例】除湿機は、家庭内での理想的な相対湿度に保つのに役立ちます。

【指導内容】他の箇所では「除湿器」と表記されているので「機」の不統一を指摘。物理的な建物の話で「家庭」は避けた方がよい。

4. 社内メール

【原文】The hotel should have Internet access (wireless or wired), a fitness room, and a laundry service.

【学生の訳例】加えてインターネット環境が整っていて、フィットネスルームがあり、洗濯ができる所でお願いします。

【指導内容】「(wireless or wired)」の訳抜け。「洗濯ができる」は、コインを入れて使う洗濯機と区別する必要があるので、「クリーニングサービス」のように訳す必要がある。

5. 社外メール

【原文】You can use points for phone upgrades, discounts on devices or accessories, and memorabilia.

【学生の訳例 1】あなたはケータイの更新や機器を付属品の割引、もしくは記念品のためにポイントを使えます。

【指導内容】「あなたは」は不要。この場合の upgrade を「更新」と訳すのは不正確。

【学生の訳例 2】携帯の機種変更、デバイスやアクセサリなどの関連商品の割り引きにポイントをご利用いただけます。

【指導内容】このチームは、最後の部分を元々の「使用できます」からグループワークで「ご利用いただけます」に変更していたため、良い変更である旨指摘。「デバイスやアクセサリなどの関連商品の割り引き」は誤訳なので、カンマの位置に注目するよう指導。

6. シナモンロール

【原文】Cinnabon serves fresh, aromatic cinnamon rolls made with premium Indonesian cinnamon and topped with a sweet, rich, cream cheese-based frosting.

【学生の訳例】(一部略) シナモンロールには、上質なインドネシア産のシナモンが使われ、甘くて、味の濃いクリームチーズフロスティングをかけています。

【指導内容】「使われ」「かけています」で能動態と受動態の混在により視点の一貫性がやや欠けている印象を与える。「味の濃い」はもっと美味しそう

第8章 「翻訳研究I（英日ビジネス翻訳）」・「英語研究特講（日英ビジネス翻訳）」実践について　159

と感じる言葉に変える。

7. 自撮り

【原文】Sure, you could see your selfie almost instantly, but a careless thumb could ruin the pic forever.

【学生の訳例】確かに、すぐさま自撮り写真を見れますが、うかつな親指は、写真を永遠に台無しにしてしまいますよ。

【指導内容】「ら抜き」言葉（「見れます」）は使用しない。「うかつな親指」では読者に通じないので具体的に。

8. 航空会社のキャンペーン

【原文】Travel must be completed by September 30, 2015.

【学生の訳例】2015 年 9 月 30 日までの旅行が割引の対象になります。

【指導内容】割引条件が曖昧だとクレームの原因になるので、completed は正確・明確に訳す。

問題例・解答例（日英）

1. 社外メール

【原文】本日の会議でご提案いただきました内容について、弊社に持ち帰って検討し、近日中に改善提案をさせていただきたいと存じます。

【学生の訳例】We will examine the contents suggested at today's meeting, and we will make suggestions for improvement any day now.

【指導内容】このような場合に contents は使わない。any day now は変えた方がよい。

【原文】さて、ご依頼いただきました、弊社の T-824 レコーダーについての参考資料を本メールに添付いたします。

【学生の訳例 1】Please check the reference materials for our product, the T-824 recorder, which is attached to this email.

【指導内容】which の先行詞は materials なので、is ではなく are。

【学生の訳例2】I attached the reference data of our recorder T-824 you requested to this e-mail.

【指導内容】attached と to this e-mail の距離が遠いので、もう一工夫欲しい。

2. 会社紹介

【原文】ABC Electronics は、カリフォルニア州ロサンゼルスに本社を置く、世界的な家電企業です。

【学生の訳例 1】ABC Electronics, a worldwide home electronic manfacturer, has the headquarters in Los Angeles, California.

【指導内容】electronic は electronics。manfacturer はスペリングミス。

【学生の訳例 2】ABC Electronics is a global home electronics manufacturer, which its head office is located in Los Angeles, California.

【指導内容】which its を whose に変える。

3. プレゼン資料「千利休」

【原文】1522 年、現在の大阪、堺市で、商人の子として生まれる。

【学生の訳例 1】Born in 1522 into merchant family in Sakai, Osaka.

【指導内容】a merchant family にすべき。「現在の」が訳抜け。

【学生の訳例 2】In 1522, He was born into a merchat family in Sakai-shi, today's Osaka.

【指導内容】「H」は小文字に。対象読者が外国人である場合、「Sakai-shi」の「shi」は通じない可能性あり。merchat はスペリングミス。

4. 社内メール

【原文】日にちは、できれば 5 月の最新情報が分かる 6 日以降が良いのですが(中略)2 日(金)あたりがよいのではないかと思います。

【学生の訳例 1】It's better if we can have the meeting after 6th because we'll be able to get the latest information of May.

第8章 「翻訳研究I(英日ビジネス翻訳)」・「英語研究特講(日英ビジネス翻訳)」実践について　161

【指導内容】after 6th だと 7 日以降になってしまう。

【学生の訳例 2】Friday the 2nd would be the best date（中略）If not, on and after Tuesday the 6th which we will have the latest information for May would be nice.

【指導内容】which は when に。「できれば 6 日以降が良い」とあるので意味が逆。

5. 冷蔵庫

【原文】機能性と美しさを磨きあげた、ハイグレードなデザイン。

【学生の訳例 1】Top-grade design with better functions and beauty

【指導内容】better は何かと比べて「より良い」で、この場合は特に何かと比較して「優れている」と言いたいわけではないので、変えた方がよい。

【学生の訳例 2】High-grade design with stylishness and high-tech features

【指導内容】後の説明を読むと「機能性」には使いやすさという意味も入っていそうなので、「high-tech」は限定しすぎている可能性あり。

6. 食券の買い方

【原文】日本では、食堂やラーメン店に自動販売機のような機械が置いてあるのを見かけることがあります。

【学生の訳例】Sometimes you can see meal ticket vending machines at restaurants and ramen shops in Japan.

【指導内容】can は不要。

7. 温湿度計

【原文】大きな文字盤、色別ゾーンで、遠くからでも一目で大まかな状態を確認できます。

【学生の訳例1】Large dials and diffrent colors enable you to check almost conditions easily from a distance

【指導内容】スペリングミス (diffrent)。almost は形容詞ではないので「大ま

かな状態」という意味では使用できない。

【学生の訳例2】With easy-to-read dial with colorful graphics, you can understand the condition at a glance even from far away.

【指導内容】easy-to-read の前に冠詞が必要。understand は、もっと「一目で」という原文の感じが出る訳語が望ましい。

8. スマートフォンアプリ

【原文】ダウンロードすると、アプリ会員限定のお買い物クーポンや、お近くの施設の最新情報が配信されます。

【学生の訳例1】By downloading this app, only for the app members can get coupons and the latest information of nearby shops.

【指導内容】主語の only for the app members は修正する必要あり。

【学生の訳例2】You can deliver coupons for app members only and the latest information about your nearest facilities with this app.

【指導内容】deliver は「配信する」なのでカスタマーが情報を配信することになってしまう。この文の構成なら with this app は文頭が望ましい。

8.6　課題
　授業実践を通して明らかになった3つの課題について述べる。

(1) 学生間のレベルの違い

　本授業には履修の条件（TOEIC スコア）を設けているため、英語力は比較的高い学生が集まるが、プロの翻訳者に近い能力を持った学生から、原文の英語読解に苦労する学生までレベルに開きがある。課題の内容や評価の基準をどこに合わせるかが課題で、現状では中間あたりに基準を合わせて、課題の添削コメントでレベルに合った指導をしている。

(2) 卒業後のキャリアの問題

　翻訳業界の構造的問題として、多くの翻訳会社はフリーランス翻訳者への

アウトソーシングを基本としたビジネスモデルを採用しており、新卒採用をしている翻訳会社は非常に少ないという事実がある。これは翻訳者には専門知識が要求されることが大きな理由だが、社内で翻訳者を育成する会社は非常に稀で、2,000社とも言われる日本の翻訳会社の中で新卒採用を行うのは5社程度、しかも翻訳者としての育成を視野に新卒者を採用する会社はAIBS以外にほとんど見当たらない。そのため、通訳翻訳プログラムで学習しても、学生が卒業後のキャリアとして翻訳者になるという道に進むことが難しいという課題がある。

　ただし実際には、メーカーや国際機関などに就職した学生が、他の従業員よりも相対的に英語ができるという理由で、特に翻訳に関する訓練を受けることなく翻訳業務をするケースは多々ある。授業ではそのことを説明しており、そのこともあってか多くの学生は熱心に取り組んでくれている。

　また、2015年に翻訳サービスのISO規格（ISO17100）が発行され、「翻訳者」の定義が特になかった状況から翻訳者の資格と力量がきちんと規定され、翻訳者として認められるための筋道が見えてきつつある。近年ビジネス翻訳プログラムを導入する大学も増えており、ビジネス翻訳をきちんと学んだ学生が増えていることで、新卒から翻訳会社に翻訳者として就職できる時代が来ることを期待している。

(3) 訳例の配布について
　訳例の配布に関しては以下のようなメリット、デメリットが考えられる。

メリット：一過的でなく定着すれば「引き出し」が増え実力になる
　　　　　目指すべき訳が可視化される
デメリット：「正解」としてそれだけ覚えてよしとする
　　　　　　正解が出るのを待つ「待ちの姿勢」

　本授業では当初いわゆる「訳例」を配布していたが、上述するようなデメリットが目立ち、また広島修道大学教員からのアドバイスもあり、現在は配

布していない。しかしビジネス翻訳の場合、ある程度の「型」があり、ビジネス界に身を置いていない学生には（グループワークで複数人集まったとしても）「ビジネス風の表現」に到達するのが難しいこともあるため、1つのテンプレート・お手本として訳例を提供することにも一定のメリットがあるのではないかと考えている。今後どうするかは未定だが、デメリットを抑えつつうまく利用する方法はないか考えていきたい。

8.7　インターンシップについて

「翻訳通訳プログラム」の「翻訳コース」の最上位ステップとして、講師が勤める翻訳会社（AIBS）でのインターンシップを設けている。プログラムが始まった当初はなかったが、より実践的な業務体験ができる場を提供することを目的として2年目から開始された。インターンシップでは夏期休暇中に10日間、オフィスに出社してもらう。実習内容は、翻訳周辺業務（翻訳原稿作成、DTP）や最新の翻訳ソフトウェアを使った翻訳演習など、座学ではなかなかできないPCを使ったものが中心である。多くの学生は、翻訳の仕事にアナログなイメージを持っているが、実際には非常にデジタルであり、高いPCスキルが要求されることに非常に驚いているようだ。特に学生もよく使っているWordやExcelで求められるスキルが高いことと、実際の仕事でのスピード感は、学生生活ではなかなか体験できないことのようである。また翻訳以外の周辺業務を体験することで、授業で行っているグループワークの重要性を実際に実感できるようである。

8.8　さいごに

冒頭に挙げたように、本授業ではビジネス翻訳の基本を習得し、その基盤となる英語力および基本的なビジネスの知識と技術的な知識を身につけることを目指している。そのような力が短期間で激的に上がることはあまり多くはないと思われるが、本授業を通して今までとは違う視点、新たな取り組み方を見つけてくれれば、普段の英語・日本語との接し方が変わり、中長期的に学力向上につながるのではないかと考えている。

第8章 「翻訳研究I（英日ビジネス翻訳）」・「英語研究特講（日英ビジネス翻訳）」実践について　165

　本授業においては定量的な効果測定は行っていないが、最後に、直近の授業アンケートの中の「受講して力がついたと思う点や、こういう点に気を付けるようになった、などあれば教えてください」という質問の回答を紹介する。アンケートは無記名で行われるが、講師に気を遣った回答もあると思われ、そのまま効果として真に受けることはできないが、授業の効果の一端を表すものとして提示する。

【英日：12 名。回答は「である」調に揃えた。日英も同じ】
「訳す力が前よりもついたと思うし、将来にプラスになる内容でとても満足している」「自分が理解できるだけでなく、相手に伝えるようになった」「翻訳力がついたと思う。この講座での経験を今後に生かしたい」「読み手に伝わりやすい文にすることを意識するようになった」「テクニカルライティングをきちんと学ぶことで、まとまりのある文が書けるようになった」「普段から、英文を見るときに翻訳するとしたらどう言うのかを考えるようになり、新聞を読むようになった」「何通りも訳を考え、適切な表現を選ぼうとする癖がついた。また、英文もより細かに見て、訳を通して相手に伝えることの大切さを学ぶことができた」「Audience を意識した訳というものを知れて良かった」「過去形や複数形の s などの一見小さなポイントが文脈を大きく変える要素ということ」「自分のための訳をしなくなった」「訳していても日本語の表現の仕方が分からなかったことが多かったが、講義を通して少しずつ上手く表現できるようになった」（記入なし 1 名）

【日英：10 名】
「英語の視点から考えるようになった（外国人ならどういう言い回しをするだろう…とたくさん考えた）」「適切な言葉の選択と原文を正しく解釈するように、また日本語を書く際にも誤解が生じないように注意するようになった」「日本特有？の表現（広告 etc の）を翻訳する際のコツ。常に読み手を意識して訳すようになった」「他の人の翻訳を見て学ぶことが多く、個人的に満足。ただ、クラスに英語ができる人が多くないとこういったことは厳しい

かと思う」「スペルミスが多かったので今後はさらに気をつけようと思っ
た。また、日本語に惑わされて英語を書くのではなく、意味をとらえて完結
(筆者注：「簡潔」と思われる)に英訳しないといけないと気付かされた」「主
語が一致しているか、主語と動詞の関係は正しいか気にするようになった。
あまり受動態を使わないように意識しているが難しい」「もっとはやく個人
の課題の添削をしてくれることを教えてほしかった」「冠詞、単数 or 複数は
気にしている」「読み手に意図を上手く伝えるためのテクニックに関して、
初めて知るものが多かった。原文に忠実に訳しているか、余計な要素を入れ
ていないか常に気をつけるようになった」「自分の作った英文を客観的に見
直す力、英語として自然かどうかを判断すること、英訳するときにどの情報
から訳すと効率がよいか」

引用文献

Alaska Air Group, Inc. (2015). Save up to $200 on Disneyland® Resort Packages.
　　http://www.alaskaair.com/content/deals/vacations/disney-resort-hotel-deals.aspx?INT
　　= AS_DEALS_% 7C% 7C20150317_CO_ASV% 7C% 7C
　　(最終アクセス日：2015 年 6 月 17 日)
August Home. (2016). Augst Smart Lock Spec Sheet.
　　http://www.august.com/wp-content/uploads/2015/10/August-Smart-Lock_Spec-
　　Sheet.pdf(最終アクセス日：2016 年 10 月 3 日)
iRobot Corporation. (2015). iRobot Scooba Floor Scrubbing Robot.
　　http://www.irobot.com/For-the-Home/Floor-Scrubbing/Scooba.aspx
　　(最終アクセス日：2015 年 4 月 7 日)
Lowe's. (2017). Dehumidifier Buying Guide.
　　http://www.lowes.com/projects/utility-and-storage/dehumidifier-buying-guide/article
　　(最終アクセス日：2017 年 9 月 27 日)
Marketo. Inc. (2015). Evolution of the Selfie Obsessed Generation.
　　http://blog.marketo.com/2014/01/evolution-of-the-selfie-obsessed-generation-
　　infographic.html(最終アクセス日：2015 年 6 月 10 日)
Starwood Retail Partners. (2015). Cinnabon Specialty Foods.

第8章　「翻訳研究 I（英日ビジネス翻訳）」・「英語研究特講（日英ビジネス翻訳）」実践について　　167

　　https://www.shopfairlane.com/directory/cinnabon
　　（最終アクセス日：2015 年 11 月 2 日）
国立国語研究所「外来語」委員会．（2006）．「外来語」言い換え提案―分かりにくい
　　外来語を分かりやすくするための言葉遣いの工夫―．http://pj.ninjal.ac.jp/gairaigo/
　　Teian1_4/iikae_teian1_4.pdf（最終アクセス日：2017 年 9 月 28 日）
東芝ライフスタイル株式会社．（2016）．『総合カタログ 2016- 春号』
三井不動産商業マネジメント株式会社．（2016）．三井ショッピングパークアプリ
　　https://mitsui-shopping-park.com/msppoint/app/
　　（最終アクセス日：2016 年 6 月 14 日）

コラム2
神田外語大学　通訳・翻訳課程の取り組み

柴原智幸

1.　概要

　神田外語大学通訳・翻訳課程（以下、「通翻課程」と呼称する）は、2009年度に発足し、2012年度をもって大きな変革を迎え、現在に至る。本課程は、通訳・翻訳の勉強を軸に、高い英語力と教養を兼ね備えた人材を育成することを目標としており、発足当初は「コミュニケーション科目」（24単位）「通訳翻訳関連科目」（36単位）を中心に82単位を習得することが求められていた。修了要件として、

　　1. 全単位の修得
　　2. TOEFL600点以上、TOEIC900点以上、英検1級いずれかを取得
　　3. 通訳・翻訳技能を利用したコミュニティー活動を一定の時間数行なう
　　4. 半年から1年の英語圏への学部留学（語学留学は不可）
　　5. 通訳翻訳課程終了試験合格

を満たすと、修了書が授与される。

　取得単位数に関しては、あまりに過大であるとして2011年度から68単位に削減され、2013年度よりさらに削減されて36単位となった。

　定員は入学時に15名を選抜して1クラスを編成し、第2学年で15名を追加選抜する。全学年あわせて105名の予定であったが、もっとも在籍者

数が多かった 2012 年度で 40 名弱にとどまった。

　筆者は通翻課程のコーディネーターとして着任したが、履修者数が伸びないことが問題となり、また指導方針が大学側と相違点が多いことが明らかになったこともあり、2012 年度を持ってコーディネーターを辞した。その後、本課程は本学英米語学科と教務課が共同で運用することとなったが、便宜上、2012 年度までの通翻課程を「旧」通翻課程、2013 年度以降の通翻課程を「新」通翻課程と呼ぶことにする。

　履修者数を増やすべく、2013 年度からの「新」通翻課程は、選抜制度を廃止し、前述の通り取得単位数も「通訳翻訳関連科目」36 単位に絞り、修了要件に関しても

1. 全単位の取得
2. TOEFL600 点以上、TOEFL iBT100 点以上、TOEIC900 点以上、英検 1 級、IELTS7.0 以上のいずれかを取得
3. 半年から 1 年の英語圏への学部留学（語学留学は不可。休学留学を含める）

と緩和したが、履修者数は伸びていない模様である。

　2013 年度の段階で、教務課の通翻課程の履修者データに履修中止者が含まれるなど不備が目立つようになり、英米語学科でも新規に通翻課程履修を決めた学生の把握ができなかった。筆者が個人的に把握していた旧通翻課程（選抜を行なっていた世代）の学生のほとんどが 2015 年度をもって卒業し、それ以降も「通訳翻訳課程」は存在しており、「履修」そのものは可能なものの、筆者が知る限りでは、組織だった学習活動などは行なわれていないのが現状である。2017 年時点では、履修者を把握している可能性があるのは教務課のみだが、英米語学科からの問い合わせは、少なくともここ 2 年は行なったことがない。なお、修了者は 2012 年度に 1 人、2013 年度に 1 人出たものの、その後は出ていないと思われる。

2.「旧」通翻課程の学びについて

　「旧」通翻課程の学びの特徴は、筆者が唱えていた「すべてを学びに」を体現するように、学生たちがあらゆることを学び、考えを深めて行った点にある。学びの大きな軸となったのは、年に平均3回（春に2泊3日、夏に2泊3日、秋に1泊2日）で行なわれた勉強合宿であった。合宿では、参加者が2〜3人でチームを組み、任意のトピック（「TPP」「能」「ダークツーリズム」「妖怪」「民間軍事会社」「円高」「3Dプリンター」など多種多様なテーマがあった）について調べ、参考資料および英語と日本語の単語リストを配布してプレゼンテーションを行なう。それに対して他の参加者との質疑応答、筆者からの指摘などを重ねて、トピックについての理解を深める。その後、プレゼンチームは、そのトピックを英語と日本語、それぞれ1分半（30秒×3）で説明するスクリプトを読み上げて、残りの参加者が英日・日英の通訳を行なって筆者がコメントを加えるという逐次通訳練習を行なう。

　2泊3日の合宿の場合、1日目の11時に集合して資料の印刷を行ない、昼食を取って13時から休憩を挟みつつ18時までプレゼンテーション、さらに19時から22時半ごろまでプレゼンテーションが続く。プレゼンテーション終了後は入浴など自由時間だが、プレゼンテーションの内容について調べたり、単語を暗記したりして3時過ぎまで勉強している学生が過半であった。

　2日目は朝食を取った後、9時から昼食、夕食をはさんで20時ごろまでひたすら逐次通訳練習が続く。その後、学生代表によるまとめが行なわれ、入浴、懇親会が行なわれた。3日目は、9時から12時まで、同時通訳の練習を行なう。ペアを組み、1人が日本語で語ることを、もう一人が英語に通訳して全日程を終了する。なお、春・夏合宿は当初1泊2日であったが、学生からの「物足りない」という要請を受けて2泊3日となったという経緯も付記しておきたい。

　合宿以外にも、英語版のはとバスツアーに有志で参加して英語表現を拾ったり、しょうゆ工場の見学に行ってバイリンガル表記から様々な単語を学んだり、演劇（「ハンナのかばん」）を見に行って、夕食を取りながらホロコー

ストについて語り合ったこともある。様々な講演会にも有志で出かけていって、積極的に講師に質問をしながら学びを深めた。

大学学内の活動としては、各種講演会で逐次および同時通訳を務めた。2011 年には当時のルース駐日アメリカ大使の講演会の同時通訳も行なっている。また、京成バスの英語アナウンス用に台本の翻訳なども行なった。また、本学のアドバイザーである字幕翻訳家の戸田奈津子氏による字幕翻訳レッスンや、放送通訳者として有名な鳥飼玖美子氏による講演会やレッスンなども体験している。外部の学生通訳コンテストにも積極的に参加しており、名古屋外国語大学の通訳コンテストでは 2012 年に 3 位、明海大学の通訳コンテストでは、2015 年に 2 位に入賞した。

学生主導の活動としては、昼休みに週 1 〜 2 回、英語で様々なトピックをディスカッションしながら昼食を取っていたようである。

また、放課後の勉強会は 2 つのグループがそれぞれ週 1 回ずつ活動しており、通翻課程の有志が作った映像研究会「エスポワール」がその活動の一部を記録している。学生からの求めに応じ、筆者は時間の許す限り勉強会に出席して通訳に対してコメントをしていた。

通翻課程 2 年目の 2010 年、筆者が次年度から NHK のラジオ講座を担当することになった関係で、放課後の勉強会で通訳練習のコメントをすることが難しくなった。そこで勉強会を 1 つにまとめ、さらに土曜日の 11 時から 15 時ごろまでに行なうこととし、あわせて 2011 年度から通翻課程のゼミを土曜日の 1 限（勉強会が始まる前）に設定した。

3.「旧」通翻課程の終焉

2012 年 5 月に「通訳・翻訳課程見直し会議」が行なわれ、その席上、定員が全く埋まっていないことが問題となった。入学時に 15 名、2 年生進級時に 15 名の合計 30 名が定員となるはずが、実際には 2 年次には数名が加わるのみとなり、この点で予想を大きく下回った。通翻課程の履修者には、教職課程や児童英語教員養成課程の履修を希望するものも多く、通翻課程と

平行して履修することが難しいため、通翻課程の履修を中止する者が多かったことも定員割れに拍車をかけたと分析された。さらに入学者のレベルが年々低下する中、当初考えられていた英語力を持つ学生そのものが少なくなったことによる影響も大きかった。また、土曜日にゼミと勉強会を設定したことに対し、大学側は「土曜日にアルバイトなどをする必要性のある学生を排除した」と問題視していたようである。

　このため 2013 年度からは定員を満たすことを最優先に、履修単位数を 68 単位から 36 単位と大幅に削減した上、学生の選抜および独自クラスの編成を取りやめて希望者は 2 年生以上であれば学年を問わず誰でも履修できるようにしたが、結果的に通翻生としてのアイデンティティー消失につながり、履修者は激減したまま現在に至る。

　筆者個人としては、通訳・翻訳の勉強を英語学習の深化につなげ、さらに教養教育にまで発展させていた旧通翻課程の学びを何とか復活させたいと考えており、メーリングリストで有志を募って勉強会や合宿などを行なっている。

第9章
教職課程における人材育成
―英語科教育共同体の形成

戸出朋子

9.1　はじめに

　外国語（英語）科教育は、平和な社会の形成に寄与できる次世代層の人格形成を促すことを目指して行われるべきものである（小村，個人的交信，2017年8月20日；村野井・渡部・尾関・冨田，2012）。バイラム（2015）は、人間の成長過程における外国語の役割は、相互文化的市民性の形成にあるとしている。彼によると、子どもは家族等とのかかわりの中で母語を習得するにしたがって、社会的存在となる。次に学校教育を通して、国民アイデンティティー、つまり自分がある国家に属していてその国家の国民であるという感覚が内在化される。そして、外国語、つまり異質のことばと文化に出会うことで自分自身の社会の外に目を向け、脱中心化、つまり自己中心性を脱し複数の視点を取ることを学ぶ。バイラムは、外国語教育の目的は、自己の文化と新しく接した文化を相対的に見つめ、文化の境界線を越えて行動すること、つまり相互文化的市民性を育むことであると主張している。この相互文化的市民性を備えた個人を育てることは、平和な社会の形成に貢献できる人間性と能力を持った個人を育てるという教育の目的と合致する。

　英語は外国語であると同時に、国際補助言語（Smith, 1983）でもある。国際補助言語としての英語は、世界の多様な人々の間のつながりを生み出す。その意味で、英語教育は、大きな力を個人に与えるための営みであると言える。国際補助言語としての英語教育は、英語のオーナーシップや文化的側面をどう捉えるかという点で、外国語としての英語教育と立場を異にする

(Smith, 1983)。しかし、多様な英語や多様な文化の尊重、寛容性の涵養といった国際補助言語としての英語の本来の精神 (Smith, 1983) に立つことができれば、冒頭で述べた平和な社会の形成に寄与できる人間性や能力を備えた個人の育成という外国語 (英語) 科教育の目的と矛盾するものではない。

　その一方で、英語の拡がりが産み出す負の側面をも我々英語教育関係者は十分認識すべきである (村野井, 2006; 村野井・渡部・尾関・冨田, 2012)。経済に必要な人的資本をつくるという教育のもう1つの側面のみを重視するという偏った英語教育政策の下では英語の有用性のみが強調され、上で述べた個人の人格の成長を促すという教育本来の目的が損なわれる危険性がある (バイラム, 2015)。現に、世界では、「英語格差」ということばが示すように、英語使用者とそうでない人との間に社会的格差、そして心理的弊害が生じている (McKay, 2002; 吉武, 2000)。そして、英語を苦手と感じる中高生が約半数を占めているというアンケート調査 (ベネッセ教育総合研究所, 2014) の結果や中学レベルの英語に困難を覚える高校生や大学生が多く存在するという現実、さらに小学校での英語教科化を考えると、この英語格差の問題は、日本でも深刻さが増してくると思われる。しかし、当然のことながら、上で述べた外国語 (英語) 科教育で培われるべき相互文化的市民性は、一部の上位層だけのものであってはならない。すべての児童生徒の中に育むべきものである。どんなに英語が苦手な生徒であろうと、英語、そして外国語をわかるようになりたい、そして人間として成長したいという欲求は誰しも持っており、生徒の成長欲求に応える英語科教育を追求していくべきである (小村, 個人的交信, 2017 年 7 月 18 日; 三浦, 2014)。学校現場では、文部科学省の政策、高等教育や企業の選抜体制に絡む問題といった様々な要素が複雑に入り組んでおり、成長欲求に応えるような英語科教育を追求することは容易なことではない (三浦, 2014)。しかし、繰り返しになるが、英語科教育は、未来を創るという意味でかけがえのない仕事であり、困難な中でこそ、人間形成に真に寄与する英語科教育を遂行していく意志と資質能力を備えたたくましい学生を大学の教職課程で育てたい。

　以上の認識の下、次節からは、まず、大学での外国語 (英語) 教員養成で

育成すべき資質・能力とは何か、そしてそれをどのように育成すべきかを、先行文献を基に論じる。その際、本学人文学部英語英文学科で取得できるのは、中学校及び高等学校の英語教員免許であるため、小学校教員養成には言及せず、議論を中・高等学校の教員養成に絞る。次に、その議論に基づき、本学英語英文学科での英語教員養成の近年の実践を振り返り、改善計画と展望を述べる。

9.2　大学で育成すべき英語科教員志望者の資質・能力

　では、生徒の成長欲求に応える英語科教育を遂行していく資質・能力は、何で構成されているのだろうか。わが国では、何をもって英語科教員の免許を与えるのかということに関して、共通理解された基準は長年存在しなかった。しかし、近年、英語教師教育の研究の中で、資質能力の構成要素が盛んに論じられるようになってきた。石田・神保・久村・酒井 (2011) は、英語授業を成立させるための資質能力を次の三層構造として説明している。上層は、教師が実際に行う「行動」としての「授業」であり、その水面下に、その授業を実施できる内的な中層・下層の二層からなる資質を位置づけている。下層は「教職としての資質能力」で、それに下支えされて、中層の「授業で求められる資質能力」「能力試験で測れる英語力」「英語教授に関する知識と教養」が「英語科教員に特化した資質能力」として位置している。この英語科教員に特化した資質能力のうち、「授業で求められる資質能力」は、授業と直接的にかかわるもので、たとえば、英語で新教材を提示したり、生徒の理解度に応じて生徒と英語でやり取りをしたり、適切にフィードバックを与えたり、わかりやすく説明したりする技能が含まれる。それに対して、「能力試験で測れる英語力」と「英語教授に関する知識と教養」は、「授業で求められる資質能力を」支える間接的な能力である。これらが高まれば、授業力つまり「授業で求められる資質能力」が向上すると石田・神保・久村・酒井は述べている。ここで注目すべきは、英語科教師の専門性を「成長」という観点で議論していることである。つまり、英語力にしろ、英語教授に関する知識・技能にしろ、養成段階では基礎力をつけ、現職教員となってから

は、経験や研修を通して、省察や改善を行い、力を伸ばしていくべきものとしていることである(石田・神保・久村・酒井, 2011; 高橋, 2011)。

英語教育改革の流れの中、2017年3月に公示された新学習指導要領に対応した「教員養成・教員研修コア・カリキュラム」(東京学芸大学, 2017)が発表された。これは、東京学芸大学が文部科学省から「英語教員の英語力・指導力強化のための調査研究事業」を受託し、2015年度と2016年度の2年をかけて開発したものである。小学校教員養成課程外国語(英語)コア・カリキュラム、小学校教員研修外国語(英語)コア・カリキュラム、中・高等学校教員養成課程外国語(英語)コア・カリキュラム、中・高等学校教員研修外国語(英語)コア・カリキュラムで構成されている。大学での養成課程から現職研修(3段階のキャリアステージからなる)を通して、段階的に英語教員の資質・能力を向上させていくべく、各段階での目標・学習(研修)項目・到達目標が明示されており、教員養成課程・教員研修の標準的内容として位置づけられることになる。特に、教員養成コア・カリキュラムでは、記載されている学習項目をすべて盛り込むことが求められており、つまるところ、ここで示されている項目と到達目標が必要最低限であるということになる。

中・高等学校教員養成課程(英語)コア・カリキュラムの全体像は次のとおりである。まず、到達目標として、(1)「聞くこと」「読むこと」「話すこと(やり取り・発表)」「書くこと」の5つの領域にわたる生徒の総合的なコミュニケーション能力を育成するための授業の組み立て方及び指導・評価の基礎を身に付ける、(2)生徒の理解の程度に応じて英語で授業ができる指導力を身に付ける、(3)国際的な基準であるCEFR B2レベルの英語力を身に付けるという3点を掲げている。そして、その目標達成のために、「英語科の指導法」を8単位程度、「英語科に関する専門的事項」を20単位程度が想定されている。「英語科の指導法」は、(1)カリキュラム／シラバス、(2)生徒の資質・能力を高める指導、(3)授業づくり、(4)学習評価、(5)第2言語習得という5つの柱で構成されており、そのそれぞれに対して学習項目とその到達目標が定められている。加えて、この「英語科の指導法」では、

講義のみならず、授業観察・授業体験・模擬授業といった学習形態を必ず含めなければならないとされている。「英語科に関する専門的事項」は、「英語コミュニケーション」、「英語学」、「英語文学」「異文化理解」の4本柱で構成され、そのそれぞれに、学習項目及びその到達目標が定められている。そして、どの柱においても、教職を意識した内容を扱うことが求められていることが特徴的である。現行制度が、授業内容や評価規準について明確な規程がなく、同一名称の科目でも各大学・各担当者によってまちまちである現状と比べて、コア・カリキュラムでは、「英語科の指導法」にしても「英語科に関する専門的事項」にしても、学習項目と到達目標が明確に定められ、専門性が明示されるようになった。この意味で、画期的であると言える。

　中・高等学校教員研修外国語（英語）コア・カリキュラムでは、「中学校及び高等学校における外国語（英語）の学習・指導・評価に関する専門的知識と、授業指導のための技術や英語力を身に付け、教員として成長を続けていく」ということを全体目標としている。指導力強化のための研修項目や英語力強化のための研修項目が挙げられ、キャリアステージに応じた重要度が示されている。これにより、「英語を教えることを学び続けること（p. 39）」（高山, 2017）ということが制度化されることになったと言える。

　英語科教師の専門性がこのように制度化されること自体は当然のことであり、前進したと言える。しかし、果たして、このカリキュラムに沿って養成を行うことが、冒頭で述べた「生徒の成長欲求に応え、平和な社会の形成に寄与し得る英語科教育」を行える教師を養成することの十分条件たり得るだろうか。答えは否である。コア・カリキュラムでは、あくまでも英語力と専門知識・技能について、カリキュラムで扱うべき教授事項とその達成目標が示されているにすぎないからである。養成課程の各科目の中で、「英語や専門知識・技能を教授する」ことはもちろん必要不可欠であるが、知識・技能を教えるということ以上に、人を教える、つまり「英語科教師の卵としての学生を教育する」という全人的な視点が大切である。高橋（2011）は、『成長する英語教師』という教員養成・教師教育に関する著作の中で、英語力・外国語教育に関する専門知識・専門技能は、「授業を通してどのような生徒を

育成したいか」という教育理念の下での目標を達成するための手段であって、それ自体が目標ではないと断言する。手段としての専門知識と技能は使うものであって拘束されるものではなく、生徒を育てるという教育理念と目標を忘れ、生徒が見えなくなれば、それはもはや教育ではない、と警鐘を鳴らしている。さらに高橋は、教師には、授業後に自己の授業を振り返って、長所と共に問題点を見極め、授業を改善していく能力が不可欠であると論じている。要するに、英語を教えることを通して目の前の生徒の成長に寄り添うという気持ちを忘れず、自らも学び続け成長するという教師の人間力が重要であるということである。このような自律的に成長しようとする意欲・態度の芽を大学の養成課程で蒔き育てる必要があり、そういった意欲・態度の形成は、個々の科目内での知識・技能の教授だけでは保証できない。「全人的な養成教育」と述べたのはその故である。もちろん、高橋も述べていることであるが、現場での実践経験のない学生が、最初から教育理念を持つことは無理だろう。しかし、英語力・専門知識・専門技能をつけるべく養成課程で学習を積み重ねながら、学生自身が英語や英語科教育の面白さ・奥深さを感じ取る中で、英語科教育が個人や社会にかけがえのないものであることを理解し、その仕事を誠心誠意、熱意をもって探求していこうという意欲・態度を育てることはできる。そして、そのような熱意や探究心を呼び起こすのは、まさに、教職課程に携わる教員や共に学ぶ学生との関係性によるところが大きいであろう。その土壌づくりを、本学の教職課程で行いたい。

この全人的な養成教育の土壌づくりの良い模範が、神奈川大学外国語学部英語英文学科の高橋一幸ゼミナールの 2015 年度ゼミ誌『英語教師入門』(高橋一幸ゼミナール, 2016) に示されている。このゼミ誌は、1999 年度から毎年発行されているという。2015 年度ゼミ誌では、2 年生と 3 年生のゼミ生全員が、1 年間の各自の学びの振り返りを、文章にして表現している。「プロの英語教員になるために今後教職の授業だけでなく学科共通の授業でも学びを深める必要 (p. 22)」(高橋一幸ゼミナール, 2016) があると気づいたこと、マイクロティーチングを通して「『自分が教わった教え方から脱却すること』は簡単なことではないのだと改めて思い知った (p. 49)」(高橋一幸ゼ

ミナール, 2016) ことなどの学生の気づきと成長が、学生自身の言葉で綴られている。加えて、4年生の卒業論文や教育実習の授業風景の写真等も掲載され、さらには、神奈川県の中学校の現職教諭によるコラムも掲載されている。そして、高橋氏も、巻頭コラムやあとがき等で、「いつの日か出会うであろう未来の生徒たちに対して、今、恥ずかしくない自分自身であれ(p. 201)」(高橋一幸ゼミナール，2016)、「『悩み多きは正常の証』…諦めず夢をもって愚直に努力を続けること (p. 207)」(高橋一幸ゼミナール，2016) などと現役ゼミ生や現職教員として働く卒業生へのエールの言葉を散りばめ、氏の学生や英語科教育への愛情が感じられるゼミ誌になっている。このような土壌が学生の成長を促していくのだということが手に取るようにわかる。高橋氏を中心に、言わば「英語科教育共同体」が良い方向で機能しているということであろう。

　ここまでの議論をまとめたい。英語科教育は、次世代層の人間形成ひいては平和な世界の形成になくてはならないものであり、英語科教師を養成する教職課程の責任は重大である。英語科教師の資質・能力を向上させるべく教員養成コア・カリキュラムが制度化され、英語教師に必要な英語力及び専門知識・技能における学習項目と到達目標が明示され、本学でもそれを参照してカリキュラムを策定していくことになる。それと同時に、学習項目の指導だけでなく、教師の卵としての学生をトータルで捉え、各科目で教えられた学習内容を統合し、自律的に学び成長し続けようとする意欲・態度の育成が重要である。それは、教職課程に関わる教師と学生との関係性、そして学生同士の関係性の中で培われるもので、英語科教育共同体を発展させることが有効であると思われる。筆者は、本学に着任して4年半になる。着任以来、その土壌づくりに努めてきた。ここで、まずその実践を振り返ることで課題を明確にし、それに基づいて今後の展望を行うことにする。

9.3　これまでの実践と評価
　筆者が本学に着任したのは、2013年度である。着任時から今までの4年半で、カリキュラムの内外で、できるところから少しずつ改善を試みてき

た。カリキュラム内では、英語音声学、英語学を必修とした。英語科教育法 I、II、III 及び英語科教育法演習の担当者間での教授項目の整理も行った。そして、英語科教育法 III（授業づくりと指導技術に焦点を当てた科目）では、英語科教育法 II の担当の教員の助けを借りて、検定済み教科書の模範音読とオーラル・インタラクションの実技試験を導入した。

　カリキュラム外では、学生の意欲関心や教職への自覚を高めるために、様々な取り組みを行った。1 つは、外部の公開授業を含む研究大会に学生を参加させる機会を設けたことである。2015 年度は、広島大学附属中・高等学校の教育研究大会に、2016 年度は第 66 回全国英語教育研究大会（全英連山口大会）に連れて行った。特に、全英連は刺激的だったようである。参加した学生に、英語科教育法 III や後から述べる「英語教師を目指す会同窓会」で、学んだことの報告をさせた。「先生というのは、ただ教科書を進めるのでなく、ゴール（生徒たちにつけたい力）をまず設定し、そこから逆算して授業を作り、生徒をしっかり scaffolding する」ということが、まとめられていた。

　日常的な取り組みとしては、「英語教師を目指す会」を結成したことがあげられる。これは、教員採用試験対策の自主勉強グループとして発足したもので、3 年生と 4 年生の教職志望者からなる。例会を月 1 回の頻度で持ち、そこでは、筆者も参加して、英語教育関係の英語書籍抜粋の講読や英語要約、教員採用試験の予想問題に取り組んでいる（写真 1）。教員採用試験対策として始めた会ではあるが、単なる受験テクニックを伝授するのではなく、英語科教育法等で学んだ事項を統合して、英語科教育を行うことはどのような意味があるのかということや、どのような姿勢で英語科教育に取り組むべきかなどといったことを考えさせるようにしている。その中で、前節で述べた「生徒の成長欲求に応え得る英語科教育という仕事に誠心誠意、熱意をもって取り組んでいこうという意欲・態度」が徐々に育ってきていると思われる。図 1 は、今年度当初に、4 年生が 3 年生に対して、会への参加を呼び掛けるために作成したチラシである。参加している学生の、この会に対する気持ちがつづられている。この会の存在が、これを書いた学生にとって大切

な意味を持つことがわかる。

写真1．英語教師を目指す会の風景

図1．英語教師を目指す会チラシ

2017年3月には、「英語教師を目指す会同窓会」を行った。これは、英語教師を目指す学部生、大学院生に、英語科教師として働いている卒業生や外部の大学院で英語教育研究を行っている卒業生を交えた交流の会である。大学のカフェテリアを借り切って、軽食をとりながら、学部生、大学院生、現職教員それぞれの立場からの発表や雑談を行った。写真2はその時の模様である。

写真2．英語教師を目指す会同窓会の風景

　このようなカリキュラム内外の取り組みの中で、英語科教育という仕事に面白さを感じ、誠心誠意その仕事に取り組んでいこうという意欲・態度は芽生えてきた。その一方、英語力及び専門知識・技能については、まだまだ課題が多いと言わざるを得ない。その指標の1つが、公立校の教員採用試験の結果であると言えるので、ここでは、そのことに言及しておく。筆者が2013年に赴任して以来、公立校の採用試験に合格した者は、2015年度2名、2016年度1名、2017年度と2018年度は0名である。不合格だった者は、そのほとんどが、一次試験を通過することができていない。広島市・県の採用試験の一次試験は、教職教養、専門分野、グループワークで構成され

ているが、そのうち、専門分野が克服すべき課題であることが、不合格者の自己分析から読み取れる。要するに、大学で育成すべき英語科教員に特化した資質・能力である英語力と専門知識・技能を育成しきれていないということである。英語力不足については、教職を希望する者、あるいは迷っている者20名のうち、3年次の時点で、英語検定準1級相当の検定試験スコアを獲得できている者が1名である（2017年7月調査）ということからも、裏付けされる。また、採用試験に出題される程度の英語長文の読解において、4年次になっても、教員の手助け及び辞書がなければ読解に相当苦労するという現状であり、英語力増強が第一の課題であると言える。

　専門知識・技能についても十分とは言えない。確かに、英語科教師になることを強く希望している者は、英語科教育法などの授業に取り組む姿勢も良好で、定期試験やレポート課題では高得点を獲得することができる。また、そのような学生は、授業の課題として書く指導案も一定の基準は満たし、教育実習の指導教諭からも良好な評価を得ていることが多い。その一方、採用試験で出題される専門知識の問題に対処できるほどの思考力や応用力は育成しきれていない。たとえば、『広島県・市の採用試験』（協同教育研究会, 2016）では、学習指導要領の理解に基づき、どのような指導上の工夫をするかという論述問題が出題される。そのような問題を論考するためには、学習指導要領の深い理解はもちろん、それを、英語科教育法で扱った第二言語習得理論等の関連理論、さらには音声・英文法などの専門知識と結び付けた上で、どのような形で指導に具現化すればいいかを考えなければならない。各科目での学習内容を統合し生きた知識として働かせて考えることができるレベルには至っていないということを、教員採用試験対策勉強会での学生の様子を見て、痛感しているところである。もちろん、教員採用試験の問題を解けることが、英語科教員の資質・能力として十分であるということではない。しかし、少なくとも広島県・市の一次試験の出題内容を見る限り、どれも断片的で表層的な知識では対処できない内容であり、出題されている英語長文も、外国語（英語）教育の様々な側面を論じた読み応えのある文章である。専門知識と照らし合わせて教育の問題にどう取り組むかを多角的に考え

る力を持つことは、生徒の成長欲求に応え得る英語科教育を続けていく上で不可欠な能力なので、「採用試験の専門分野の問題を論考することができる」ということを英語力及び専門知識の具体的なゴールの1つとして学生に提示することは妥当である。このゴール達成に向けた指導を徹底する必要がある。以上のことから、英語力増強を図るとともに、各科目で学んだことをより深く理解して統合し、生きた知識として教育に応用できる思考力をつけるということが課題であると言える。

　本節では、筆者が本学に着任した2013年度からの実践を振り返り、評価を行った。カリキュラムの改善のみならず、カリキュラム外で教員や同級生・上級生・下級生と共に英語科教育について学びあう機会を設けるようにしてきた。その関係性の中で、英語科教育に興味を持ち、真摯な姿勢で教員になるための勉強に取り組む学生が出てきている。しかしながら、英語力や専門知識・技能という面では、まだまだ力不足である。これまでの実践の方向性は決して間違っていないと思われるが、確かな力をつけるべく、もっと徹底した養成教育が必要である。次節では、その具体的な仕組みづくりのための次年度からの計画を述べる。

9.4　改善に向けた計画

　これまでの実践をさらに徹底し、英語力及び専門知識・技能を高め、統合し、英語科教育の問題に対処するための思考力・応用力をつけ、教員になってからも成長し続けようとする意欲と自律性を養うために改善策を講じなければならない。その計画を述べる前に、まず、これまでの本学の制度の下で、それを阻んできた障壁が何かを明らかにし、その問題を解決することでより良い仕組みを作っていくことにする。

　これまでの制度で障壁となってきたのは、(1)教職を希望する学生が英語科教育担当者としての筆者と関りを持ち始める時期が遅いこと、(2)指導時数及び学習時間数が限られていることである。筆者が教職を目指す学生と初めて顔を合わす科目は、2年次後期開講の英語科教育法Iである。この科目で、学生は、英語科教育という世界に初めて出会うことになる。彼らは、今

までの自分の経験だけの範囲で、つまり生徒の立場で見ていた英語科教育と、これから学ぶことになる英語科教育が異質のものであること、そして、英語科教育の奥深さを知ることになるのだ。この科目で興味を持った学生や本気で教職に就くことを希望している学生は、3年次からのより実践的な科目（英語科教育法II、III、演習）を履修することになる。2年次後期のこの英語科教育法Iで、目的論を含めた英語科教育の全体像を導入し、そして興味を持たせ、英語科教師になる自覚を芽生えさせ、そのための勉強を動機づけることを狙っている。専門知識・技能の勉強という意味では、2年次後期という時期で問題ないと思われるが、こと英語運用力をつけるための自覚を持った学習という点では遅すぎる。もちろん彼らは1年次や2年次で英語運用力養成科目を履修しているのではあるが、それだけでは「英語科教師志望者としての自覚を持った学習」には不十分である。下級生の段階で、英語科教員に高度な運用力が求められていることを知り、それをつけるべく自律的に英語力を高めていくための努力を始めるような対策を講じなければならない。

　指導時数については、最低限必要とされている専門知識・技能の項目を教授するという意味では現行のカリキュラムの枠組みでも可能である。しかし、前節で述べた「各科目での学習内容を統合し教育の問題に対処するための思考力・応用力を養う」というところまでは、現行のシステムだけでは保障できない。そのために「英語教師を目指す会」があるのであるが、これはあくまでも課外の自主勉強グループであり、徹底を図るという点では不十分である。

　教職を希望する学生と筆者が関りを持つ時期については、次年度つまり2018年度から改善できる。英語英文学科の2017年度からの新カリキュラムで、ゼミナール所属開始時期を早めて2年次とし、複数のゼミナールに所属することを可能とした。複数ゼミに所属できることが可能になったため、例えば文学を専攻したい学生も、同時並行的に、筆者が担当する英語教育ゼミナールに所属することが可能になる。教職の学生にそのような履修の仕方を推奨すれば、2年前期から筆者との関係性を築くことができ、自覚的な勉

強を促すことができる。さらに、英語英文学科では、2018 年度から高度な英語運用力養成を目指した特別クラス（2 年次対象）を開講することを計画中である。これは教職の学生に限られたクラスではないが、このクラスの履修を促し、早い時期から英語運用力を高めるための学習習慣をつけさせたい。

　各科目で教授されたことを統合し、思考力・応用力を身に付けさせるための指導時数の確保については、英語教師を目指す会で行ってきたことを、課外活動ではなく、正式科目として単位化する。「言語教育法特講」という英語英文学科の科目として、受講者を教職志望の 2 年生以上の学生に限定し、アクティブ・ラーニング型の科目としたい。これによって、課外活動で行ってきた時よりも、指導時数及び内容ともに徹底を図ることができる。正式科目として単位化することで、課外活動の良さが損なわれるのではないかという不安もないわけではない。しかし、外国語（英語）科教育という内容中心型英語アクティブ・ラーニングを仕組むことで、その不安は払拭できるのではないかと考えている。同級生・上級生・下級生そして教員で築く関係性の中で、同じ目標を目指す者が切磋琢磨しながら、英語科教育に希望をもって学んでいける共同体を創りたい。

9.5　おわりに―中長期的展望

　本章では、英語科教育をかけがえのない仕事として取り組んでいける意欲と資質・能力を備えた学生の養成を目指して、4 年半にわたって実践・改善してきたことを振り返り、改善に向けての計画を述べた。これまでに行った改善は、教員養成の理想を念頭に置きつつも、その時々で明らかになった問題解決に向けて、できるところから改善を積み重ねてきたものであった。英語教師を目指す会の結成、それから、次年度から始まる「言語教育法特講」もその産物であると言える。次年度からの計画も、また実施する中で改善すべき点が見えてくると思われるが、今後も、ダイナミックに、実践、振り返り、改善のサイクルを続けていきたい。英語科教師の資質・能力の節で言及した「自己の実践を振り返って、長所と共に問題点を見極め、実践を改善し

ていく能力」(高橋, 2011)は、養成する側にも、そのままあてはまるだろう。

　次年度からの改善計画に加えて、筆者の中長期的な展望も付け加えたい。筆者は、現在、広島修道大学附属鈴峯女子中学・高等学校[1]の英語教育改革に関り、同校の英語科教師のメンター的な仕事に携わっている。また、その中で、実践と研究の双方向的で健全な関係性を探りつつ、筆者の専門分野である第2言語習得研究を行っている。現在のところ、この事業と本章で述べた教員養成は、直接的なつながりを持つには至っていないが、近い将来、これもできるところから始めていきたい。たとえば、附属校の若手英語科教員の英語教育勉強会に教職を希望する学生も参加させることが実現できれば、現職教員になってからも成長すべく勉強を続ける、ということを直に体験できる良い機会となるだろう。教育実習も附属校で行えるようになれば、大学と実習校との溝の問題も改善できるだろう。さらに教育だけでなく、附属校との研究を媒介にして、学生の研究に対する意識も高めたい。残念ながら、現在のところ、教職を目指す学生に研究をする意欲が育っているとはいい難い状況にある。1つには、研究と教育の乖離を学生が感じ取っているのかもしれないし、研究の面白さを伝えきれていないということの表れかもしれない。だが、研究マインドと研究能力を持つことは、厳しい時代を生き抜かねばならないこれからの英語科教員に必要なことであると思われる。具体的な策は今のところ思い浮かばないが、附属校で筆者が研究している姿を学生に見せることで、新しい道がつながるかもしれないとも考えている。

　日々の仕事の中で改善と新しい事業を起こすことを繰り返し、現在の形になった。これからもその姿勢を継続していくつもりである。しかし、その実践、改善のサイクルも、正しい方向を向いてなされなければならない。冒頭で述べた「すべての生徒の成長欲求に応え、平和な世界の形成に寄与できる英語科教育の追求」ということを外れてはならない。このことを常に念頭に置きながら、学生・大学院生・大学教員そして現職教員でつくる英語科教育と研究の共同体を形成していくことをヴィジョンとして描いている。

注

1 広島修道大学附属鈴峯女子中学・高等学校は、2019 年 4 月から校名を「広島修道大学ひろしま協創中学校・高等学校」と改め、男女共学となる。

引用文献

McKay, S. L. (2002). *Teaching English as an international language*. Oxford: Oxford University Press.

Smith, L. E. (1983). English as an international auxiliary language. In Larry E. Smith (ed.) *Readings in English as an international language* (pp. 1–11). Oxford: Pergamon Press.

ベネッセ教育総合研究所. (2014). 速報版　中高生の英語学習に関する実態調査 2014. ベネッセ教育総合研究所. http://berd.benesse.jp/global/research/detail1. php?id=4356

バイラム・マイケル　細川英雄監修　山田悦子・古村由美子訳. (2015). 『相互文化的能力を育む外国語教育』. 大修館書店. (Byram, M. (2008). *From foreign language education to education for intercultural citizenship*. Clevedon: Multilingual Matters.)

石田雅近・神保尚武・久村研・酒井志延編. (2011). 『英語教師の成長―求められる専門性』. 大修館書店.

協同教育研究会編. (2016). 『広島県・広島市の英語科過去問 2018 年度版』. 協同出版.

高橋一幸. (2011). 『成長する英語教師―プロの教師の「初伝」から「奥伝」まで』. 大修館書店.

高橋一幸ゼミナール. (2016). 『英語教師入門―ゼミ誌　第 17 号』. 神奈川大学外国語学部英語英文学科. 英語科教育研究. 高橋一幸ゼミナール.

高山芳樹. (2017). 中・高等学校の教員養成・教員研修・コア・カリキュラム　中・高等学校の教員研修. 英語教育, 66 (3), 38–39.

東京学芸大学. (2017). 『文部科学省委託事業「英語教員の英語力・指導力強化のための調査研究事業」平成 28 年度報告書』. 東京学芸大学.

三浦孝. (2014). 『英語授業への人間形成的アプローチ―結び育てるコミュニケーションを教室に』. 研究社.

村野井仁. (2006). 『第二言語習得研究から見た効果的な英語学習法・指導法』. 大修館書店.

村野井仁・渡部良典・尾関直子・冨田祐一. (2012). 『統合的英語科教育法』. 成美

堂.

吉武正樹.（2000）. 異文化コミュニケーションのための外国語教育—国際英語及び英語支配の視点から—. Speech Communication Education, 13, 81–100. 日本コミュニケーション学会.

第 10 章
グローバルコースにおける人材育成

竹井光子・中西大輔・大澤真也

10.1　はじめに

　「グローバル人材の育成」をキーワードに、高等教育機関では様々な取り組みが行われている。スーパーグローバル大学という名称のもとに、機関が一体となって行うものもあれば、コース制を採用し優秀な人材を選抜し育成するという試みもある。広島修道大学においても 2014 年度よりグローバルコースを開始し、英語プレイスメントテストのスコアで選考した学生を半年間の留学も含めた 4 年間のカリキュラムの中で育成していくという試みを行なっている。本章ではこのグローバルコースの概要についてまとめるとともに、TOEIC スコアをもとにした英語力の伸びおよび鈴木他 (2000) による国際理解測定尺度の結果をもとに本コースで学んだ学生たちがどのような成長をしているかについて探ることを目的とする。

10.2　グローバル人材とは

　高等教育機関におけるグローバル人材育成に向けての取り組みは吉田 (2014) に詳しい。吉田 (2014) によれば「グローバル人材」ということばは 2010 年以降に新聞記事などで頻出するようになり、文部科学省によるグローバル人材育成推進会議などにより、高等教育機関における取り組みが加速した。グローバル人材の定義については「グローバル人材育成推進会議中間まとめ」(文部科学省, 2011) が参考になる。報告書には日本人留学者数の減少と内向き志向が問題点として提示され、グローバル人材という概念には「語

学力・コミュニケーション能力」「主体性・積極性、チャレンジ性、協調性・柔軟性、責任感・使命感」「異文化に対する理解と日本人としてのアイデンティティー」の 3 つの要素が含まれるとされる。また産学連携によるグローバル人材育成推進会議による報告書「産学官によるグローバル人材の育成のための戦略」(経済産業省，2011) ではグローバル人材の定義をするだけではなく、具体的方策として大学の取り組みや留学前後における成果の可視化が重要であると指摘している。以上のことをまとめると、グローバル人材とは単に高い語学力を有する者ではなく、異文化に対する理解を持ち主体的に行動できる者であると言える。そのため、グローバル人材育成に向けた取り組みの成果を英語力だけではない指標を用いて可視化し評価することが重要であると言える。

10.3 コースの概要

　グローバルコースは、大学の教育目標である「グローバルな視野を持ちながら、地域社会に根ざして活躍することのできる人材の育成」を具現化することを目指し、2014 年度に開設された全学部横断型のプログラムである。入学試験出願時にコースにエントリーした学生の中から入学時の英語習熟度を測るプレイスメントテスト (TOEIC, TOEIC Bridge) の結果により選考された学生がコース生として登録される。1 年次・2 年次前期の事前学習の後、2 年次後期に約 5 ヶ月の留学を経験し、帰国後の 3 年次・4 年次の事後学習およびキャリアプランニングを経て、指定されたコース修了要件(修得単位数など)を満たすことでコース修了となる。事前・事後の学修は、コース専用科目のほか、在籍する学部・学科が提供する主専攻科目、共通教育科目などの中から、国際理解科目および英語トレーニング科目に指定された科目群の履修によって構成される。

　本学には、入学後に説明会などを経て参加を希望できる「海外セミナー(短期・中期・長期)」や「交換留学」など多様な留学プログラムが用意されているが、グローバルコースは入学以前から留学志向を持つ学生を対象とし、入学直後から留学を組み入れた 4 年間の学びのステップをイメージし

ながら学修計画を立てることができる点、その指導体制を整えている点が特色である。また、留学費用の一部が大学から補助される。

2014年度の開設後、毎年200名以上のエントリー（コース希望者）があり、選考によって30名程度がコース生として登録される。その内、20名程度が留学プログラムに派遣されている状況である。同コースは全学部横断型プログラムであるが、2014年度〜2017年度まで、コース希望者・コース登録者ともに、人文学部英語英文学科の学生がおよそ半数を占めている。これは、英語そのものや英語圏留学への関心度から当然のことと言えるであろう。他は、商学、社会学、教育学、法律・政治学、経済学、環境系の学生である。

なお、コース登録生のうち約10名が留学派遣前にコース辞退をしているが、その主たる理由は、計画変更（交換留学を含む）、留学への不安、経済的困難の3つである。

10.4　コース第1期生の歩み

ここでは、2014年度入学生（グローバルコース第1期生）を中心として4年間の歩みを振り返りながら、同コースの流れを紹介したい。2014年度のコース希望者（入学時）は217名で、その内72名が英語英文学科であった。選考後のコース登録者は29名で、内13名が英語英文学科である。実際に留学プログラムに参加したのが20名であるが、内11名が英語英文学科であった。以下に、ポイントとなる項目ごとに振り返りを行いたい。

（1）選考後のガイダンス

選考結果の発表後に行うガイダンスに現れた学生たちの表情には、喜び、自信、希望や不安が入りまじっている。説明を熱心に聞き、家族と相談した上で、翌日までに正式登録の申込をする。もちろん、出願時のエントリーであるので、その後に気持ちの変化が生じている場合もあるが、決心の後に登録申込書を提出することにより翌日からコース生としての4年間の学修がスタートすることになる。

(2) コース履修計画

まずは、コースのスケジュール、コース修了要件および在籍する学科の卒業要件を正しく理解し、各自が学修（履修）計画を立てることから始まる。学科によって要件が異なるため、自ら必要な情報収集や情報分析をする力や計画性などが求められる。主専攻科目を優先させるべきか、グローバルコース関連科目を優先させるべきか、大いに悩む点である。英語英文学科は、コースが指定する科目と学科が必修としている科目との重なりが比較的大きいため優位な点があるが、それでも教職課程や通訳翻訳プログラムを同時に履修したいと考えている学生にとっては、かなりタイトな時間割となる。綿密かつ柔軟な計画が求められるが、苦労しつつも乗り越えている。

週1回開講されるコース専用科目は、唯一コース生全員が集うことができる機会である。学科の垣根を超えた、同じ目標を持つ学生たちの交流は、大学での学びをより豊かにしてくれると期待される。

(3) 学内における活動

正課内の科目履修に加えて、課外（学内・学外）活動への参加の促進も重要なコース運営の鍵である。そのため、「グローバルな視野を持ちながら、地域社会に根ざして活躍することのできる人材の育成」を目的とする交流・活動に関する情報提供を積極的に行っている。学内で実施される海外協定校などからの訪問に際した交流行事や、学内外者によるグローバル講演会、留学生との交流イベント（歓送迎会など）、留学生寮であるインターナショナルハウスでのイベント（ハロウィーンなど）などである。また、短期留学プログラム参加生のホストファミリーになったり、交換留学生の学修・日常生活をサポートする「バディ」に応募したりするケースもある。これから留学する、または留学から帰国したコース生が、バディとして逆の立場にある受入れ留学生の生活を支える役割を担うことは貴重な経験となるであろうし、そのような支援に関わりたい、役に立ちたいという気持ちを育む環境が重要である。

（4）地域との連携活動

2014年度から2016年度にかけては、学内企画である「地域つながるプロジェクト」にコース生の一部がメンバーとして参画した。同プロジェクトは、学生が教職員とともにチームを組み、地域と連携して活動を行ったり、地域の課題を調査・研究したりするプロジェクトである。3年度とも、全プロジェクトチームの中で唯一の留学生との混合チームとして、観光インバウンドの促進、多文化共生社会における地域の交流、地域の小中高と世界をつなぐ多文化交流などの「グローバルな視野に立った」テーマに取り組んだ。地域の国際化に多少なりとも貢献できたと思われるし、留学生との協働活動の中から多くを学んでいるはずである。今後は、附属中学・高校における国際交流活動の支援という形で後輩たちが引き継いでいく予定である。

（5）期生間交流

第2期生が入学した2015年度以降は、グローバルコース専用科目を担当する教員が連携して、「期生間交流」を企画した。先輩としての第1期生が後輩である第2期生と交流することで、自らの経験から得た知見を伝えるとともに、それが自己の客観的な振り返りにつながることを期待したものである。後輩たちは、自分が先輩となった時の姿もイメージできる。2016年度前期には、留学帰国後の1期生、留学派遣前の2期生、コース開始（入学）直後の3期生の交流が実現した。2017年度前期も同様（1～4期生）である。それぞれの期生がそれぞれの立場から、意見交換、情報交換に貢献しているし、帰国後のコース生が留学前とは異なる表情や態度で接している様子を垣間見ることができる。月並みであるが、帰国生の口々から自らが身につけたこととしてたびたび発せられる言葉である「積極性」が発揮される機会となっている。派遣前のコース生も、その先輩の姿から刺激を受けていることは間違いない。このような期生間の連携の循環や相互作用を促す機会を容易に提供できるのも、4年間を1つのグループとしてともに歩む同コースの特色と言えるだろう。

(6) 学外活動

　学内での活動に加えて、自らが探し出した学外における活動団体（国際交流、海外支援、平和活動など）に所属して活動を行っているコース生もいる。ここでも、コース生同士で活動に誘い合ったり、先輩から後輩への活動紹介や活動の引き継ぎを行ったりしている。

(7) 留学プログラム

　2年次の後期に実施される留学プログラムには、20名（第1期生）が参加した。同プログラムは、「語学」と「サービスラーニング」が2つの柱となっており、語学コースで英語力を高めた後に、地域の機関や施設において就業体験に参加することができる。就業体験先は、教育（公立学校での授業や宿題のサポート、母国の文化紹介、日本語クラスの授業補助や教材作成）、観光業（ホテルのフロント業務と客室管理の補助、翻訳業務など）、医療（献血活動の補助）、福祉（高齢者施設における食事準備補助、地域での食料配給補助など）の分野である。コース生の報告からも、語学クラスに加えて、ホームステイ先での経験や就業体験が重要な位置を占めていることが見てとれる。

(8) キャリアプラニング

　留学から帰国後は、経験の還元（後輩への継承）、事後学習科目における英語コミュニケーション力の維持とキャリアプラニングが待っている。コース生の進路としては、①再留学、②進学（国内大学院）、③就職の3つに大別できる。

　まず、再留学であるが、コースの留学プログラムを終了後に、諸々の条件が整った場合に2度目の留学をするケースが出てきている。大学が持つ別の留学プログラムへの参加（第1期生）、休学による語学留学（第2期生）で、いずれも留学前・中に再留学を決心しているケースである。卒業後に留学するケースについては未知数であるが、今後起こりうることと期待している。次に、大学院進学は当初からの予定である場合（教員志望など）と進路

選択の過程での決定である場合にわかれる。

最も割合が高いのが就職である。全学的なキャリアガイダンスへの参加を促しつつ、主としてコース生を対象とするグローバルキャリア説明会やグローバルに活躍する卒業生による講演会も提供している。なんとか留学経験や専門分野を活かした就職をしたいという思いの実現に向けて懸命の努力の様子を垣間見つつ、国際センターとキャリアセンターが連携しつつできる限りのサポートをしたいと考えている。培われた語学力を武器に、海外との関係が強い地元の企業から内定をもらったり、夢であった航空・ホテル業界や金融・保険業界に就職を決めたりしている学生も出てきている。彼らには、その就職活動経験を次の期生や他の留学希望者に対して報告する会を設けた。

10.5　成果の検証

前述のように、1年次から通してコース生と接していることで、その変化や成長のプロセスを主観的に感じ取ることができる。しかしながら、客観的な指標をもって成果を検証する必要もあるであろう。そこで、TOEIC スコアの推移および鈴木他（2000）による国際理解測定尺度（意識調査）の変化から、コース生の成長の過程を検証してみたい。

10.5.1　TOEIC スコアの推移

本学では年に2回（7月と1月）に TOEIC-IP の学内受験制度を設けており、学生は希望すれば無料で受験ができる。コース生もこの制度を活用しながら、入学時のプレイスメントテスト以降のスコアの推移を観察していくことになる。各段階における目標値（留学までに 500、留学後に 750 など）を設け、段階的に力を伸ばすための目安としている。

第1期生（留学プログラムに参加した20名）のスコアの推移を見てみよう。

表 1. TOEIC スコアの推移（グローバルコースを継続した 20 名）

	2014 年 3 月	2014 年 7 月	2015 年 1 月	2015 年 7 月	2016 年 2 月	2016 年 7 月	2017 年 1 月
スコア平均	537.75	523.00	578.68	658.82	700.50	727.50	704.69
SD	54.66	83.16	80.17	75.22	68.32	90.44	97.99
最高点	700	740	750	790	855	870	880
最低点	480	415	425	515	595	580	535

　2014 年 3 月から 2017 年 1 月まで順調にスコアが伸びているのがわかる。大学入学後に英語力が低下する学生が多いことを考えると、この伸びは留学準備や留学によるものと考えられる。もちろん、もともと英語に関心の高い層が集まっているため、このプログラムを受けなかった場合にも同様の伸びが期待できた可能性もあるが、この点について実験的に検証することは難しい。

　しかしながら、このデータは当然後半になるほど欠落が多くなる。単に優秀なスコアがとれない学生が脱落した結果として得点が向上している可能性があるため、次に 1 回目から 6 回目までをすべて受験した 11 名のデータを検討しよう（表 2）。

表 2. TOEIC スコアの推移（20 名のうち全て受験した 11 名）

	2014 年 3 月	2014 年 7 月	2015 年 1 月	2015 年 7 月	2016 年 2 月	2016 年 7 月	2017 年 1 月
スコア平均	534.55	534.09	600.45	656.82	713.18	741.82	734.09
SD	40.77	78.10	46.98	69.04	57.20	95.74	99.49
最高点	700	740	750	790	855	870	880
最低点	480	415	425	515	595	580	535

　脱落者を除いたこのデータでもやはり順調にスコアが伸びていることがわかる。一要因の分散分析を行ったところ、受験時期の主効果が有意であった（$F(6, 60) = 28.34$, $p < .01$. $\eta^2 = 0.59$）。なお、下位検定（Shaffer の方法）の結果有意でなかったのは、2014 年 3 月と 2014 年 7 月、2015 年 7 月と 2017 年 1 月、2016 年 2 月と 2016 年 7 月及び 1 月、2016 年 7 月と 2017 年

1月であった。

10.5.2 国際理解測定尺度における意識の変化

　TOEIC スコアだけでは測りきれない「グローバルな視野を持ちながら、地域社会に根ざして活躍することのできる人材」としての意識や態度の部分の測定を「国際理解測定尺度」を利用して行った（表3）。国際理解測定尺度は、4つの下位尺度（外国語の理解、人権の尊重、他国文化の理解、世界連帯意識の育成）からなる72の質問項目に「あてはまる」かどうかを5件法で回答するものである（1: あてはまらない 2: あまりあてはまらない 3: どちらともいえない 4: ややあてはまる 5: あてはまる[1]）。コース第1期生に対して、入学時（2014年4月）と留学直前（2015年7月）、留学直後（2016年2月）の3回実施した。また、同年度入学のコース外生125名にも入学時（2014年4月）に実施したデータがある。

表3. 国際理解測定尺度（鈴木他, 2000）

設問	下位尺度名
日常会話程度ならば、英語などの外国語で話すことができる。	外国語の理解
英語などの外国語で話しかけられると、何を言われたのか理解できない。	外国語の理解
今後、様々な国の言語を学ぶ気はない。	外国語の理解
英語などの外国語で、いろいろなことを話してみたい。	外国語の理解
テレビ・ラジオの外国語講座をよく聞いている。	外国語の理解
語学教室に通いたいとは思わない。	外国語の理解
自分の言いたいことを英語などの外国語で表現できる。	外国語の理解
外国語で書かれた新聞や雑誌には関心がない。	外国語の理解
英語の文章を書くのが苦手である。	外国語の理解
気に入った外国の歌を日本語に訳すことがある。	外国語の理解
外国映画を見る時に、字幕を見なくても筋が分かるようになりたい。	外国語の理解
外国人から英語で話しかけられたとき、答えることができない。	外国語の理解
「ありがとう」や「こんにちは」くらいなら、いろいろな外国語で言うことができる。	外国語の理解
英語などの外国語で書かれた新聞や雑誌が読める。	外国語の理解
知っている英単語の数が、他の人に比べて少ない。	外国語の理解

今後、外国語検定（英検、仏検、TOEFL、TOEIC など）を受験しようとは思わない。	外国語の理解
多くの外国人と友達になりたいと思う。	人権の尊重
どの国の人とも仲良くしたいと思う。	人権の尊重
貧しい国の人ならば、意見が軽視されることがあってもやむをえない。	人権の尊重
外国人と仲良くすることには抵抗感がある。	人権の尊重
どの国の出身かによって、友達を選んではいけないと思う。	人権の尊重
自分の住んでいる街に、外国人がたくさん住んでいてもかまわない。	人権の尊重
生まれた国や人種によって、待遇が異なるのはおかしいと思う。	人権の尊重
各国の発言権は、その国の経済状態に応じて与えられるべきだと思う。	人権の尊重
発展途上国の人を自分と対等に見るのは難しい。	人権の尊重
外国人とは距離をおいて付き合いたい。	人権の尊重
出身国によって待遇に差があってもやむをえないと思う。	人権の尊重
ある民族が他の民族より劣っていると絶対に考えてはいけないと思う。	人権の尊重
外国人が大勢集まる場所には近づかないようにしている。	人権の尊重
いろいろな国の人たちと知り合いになるのは楽しい。	人権の尊重
外国人とはあまり話をしたくない。	人権の尊重
先進国の人は、発展途上国の人の意見をもっと聞いたほうがよいと思う。	人権の尊重
海外の芸術作品に関心はない。	他国文化への理解
各国の代表的な料理をいくつか挙げることができる。	他国文化への理解
外国の生活習慣をよく知らない。	他国文化への理解
外国で信仰されている宗教をいくつか挙げることができる。	他国文化への理解
海外に行ったら、地元の人の習慣に触れたいと思う。	他国文化への理解
世界の三大宗教の特色を説明できない。	他国文化への理解
美術史に詳しくない。	他国文化への理解
外国の伝統文化を紹介するような番組は見ないほうである。	他国文化への理解
外国で起きたいくつかの歴史的事件について詳しく説明できる。	他国文化への理解
外国で行われる祭りをよく知らない。	他国文化への理解
各国に見られる独自の習慣を尊重したい。	他国文化への理解
外国の民族衣装についてよく知らない。	他国文化への理解
外国の伝統芸術をすばらしいと思うことがある。	他国文化への理解
他国の文化を理解したいとは思わない。	他国文化への理解
外国の歴史についての本は読まないほうである。	他国文化への理解
世界にどのような宗教があるか知りたい。	他国文化への理解
異なる文化に触れることは、興味深い体験だと思う。	他国文化への理解
日本とは異なる習慣を持つ国の人々は理解できない。	他国文化への理解

世界の四大文明の特徴を説明できる。	他国文化への理解
外国でその国の人たちと同じように生活してみたい。	他国文化への理解
原始的な生活をしている民族は、近代的な生活様式に変えた方がいいと思う。	他国文化への理解
海外の遺跡や歴史的建造物などに関する番組をよく見る。	他国文化への理解
各国の民族音楽の特徴を説明できる。	他国文化への理解
さまざまな国の伝統料理を食べたいとは思わない。	他国文化への理解
世界平和の維持に努めている機関を支援したい。	世界連帯意識の育成
国際的なボランティア団体の活動内容に興味はない。	世界連帯意識の育成
地球の砂漠化現象のメカニズムを理解したい。	世界連帯意識の育成
飢餓に苦しんでいる人たちのために何ができるかを考えることがある。	世界連帯意識の育成
世界の自然を守るために活動している国際機関を支援したい。	世界連帯意識の育成
世界平和の維持に関心がない。	世界連帯意識の育成
国際政治に関する新聞記事やテレビ番組には関心がない。	世界連帯意識の育成
廃棄物による土壌・水・大気の汚染状況について知りたい。	世界連帯意識の育成
世界の人口問題に関心がない。	世界連帯意識の育成
再生紙を使った製品を進んで買おうとは思わない。	世界連帯意識の育成
エネルギーを無駄にしないよう、電気の使い過ぎには注意している。	世界連帯意識の育成
地球温暖化を防止するために、二酸化炭素などの排出を抑える努力をしていきたい。	世界連帯意識の育成
<u>ゴミを減らす努力をしていない。（欠損）</u>	<u>世界連帯意識の育成</u>
第三世界の子供たちが教育の機会に恵まれるよう支援していきたい。	世界連帯意識の育成
ユニセフの募金に協力していない。	世界連帯意識の育成
海外青年協力隊などの国際的なボランティアには参加する気になれない。	世界連帯意識の育成

　まずは、一般学生とコース生との比較を見てみたい。表4は4つの下位尺度についてそれぞれ平均値を求めて一般の学生とグローバルコースの学生で比較したものである。表3より一般の学生よりもグローバルコースの学生の方がいずれの下位尺度でも有意に高いことがわかる。

表4. 国際理解傾向の比較（一般 vs. グローバル）

	一般 ($N = 125$)	グローバル ($N = 20$)	t 検定
外国語の理解	2.72 ($SD = 0.55$)	3.29 ($SD = 0.51$)	$t(26.77) = 4.58, p < .01, d = 1.04$
人権の尊重	3.74 ($SD = 0.64$)	4.21 ($SD = 0.51$)	$t(29.53) = 3.63, p < .01, d = 0.74$
他国文化への理解	3.01 ($SD = 0.45$)	3.26 ($SD = 0.31$)	$t(33.54) = 3.10, p < .01, d = 0.57$
世界連帯意識の育成	3.08 ($SD = 0.59$)	3.53 ($SD = 0.45$)	$t(30.67) = 4.00, p < .01, d = 0.79$

　しかし、このことはグローバルコースのカリキュラムが国際理解傾向に影響を与えたことをただちに意味するわけではない。もともと意識の異なる母集団だからである。そこで次に、コース生の推移を見たのが表5である。外国語の理解、人権の尊重、他国文化への理解の3つの下位尺度得点について、いずれも留学前後で改善が見られる。一方、世界連帯意識の育成については有意な差が得られていない。ただし、世界連帯意識の育成は項目を見るとわかるように、どちらかといえば環境配慮などのグローバルコースのカリキュラムとはあまり関係のない項目から成り立っており、そのことは配慮する必要がある。

表5. 国際理解傾向の推移（グローバル継続者20名）

	入学時 (pre)	留学直前 (post1)	留学直後 (post2)	分散分析
外国語の理解	3.29 ($SD = 0.51$)	3.49 ($SD = 0.45$)	3.95 ($SD = 0.39$)	$F(2,38) = 14.53,$ $p < .01, \eta^2 = 0.28,$ pre = post1 < post2
人権の尊重	4.21 ($SD = 0.51$)	4.32 ($SD = 0.59$)	4.55 ($SD = 0.41$)	$F(2,38) = 7.83,$ $p < .01, \eta^2 = 0.08,$ pre = post1 < post2

他国文化への理解	3.26 (SD = 0.31)	3.37 (SD = 0.47)	3.62 (SD = 0.46)	$F(2, 38) = 10.28$, $p < .01$, $\eta^2 = 0.12$, pre = post1 < post2
世界連帯意識の育成	3.53 (SD = 0.45)	3.55 (SD = 0.58)	3.65 (SD = 0.59)	$F(2, 38) = 0.73$, ns., $\eta^2 = 0.01$ pre = post1 = post1

10.6　まとめと今後の課題

　グローバルコースに登録し1学科生としての学修にプラスアルファを設ける、就業体験を含む留学を経験する、推奨される諸活動に参加する、期生間の交流を繰り返しながら振り返りと還元を促す、という一連の流れの中で「地域で活躍できる英語プロフェッショナル人材」を育成できるかどうかを考えてみたい。

　指導する教職員側からすると、他の留学プログラムと異なり、入学時からコース修了（卒業）時までの成長の過程を観察しやすいという利点がある。きわめて主観的な観察ではあるが、成長を感じさせる言動や態度に遭遇することがよくある。これらの変化を学生自身や指導者が客観的に記録できる仕組みを整えることも必要であろう。学生側からすると、不安や困難が伴いがちな「留学」という挑戦に関して、ある程度のレールがひかれるという（ある意味、反自律的ともとれる）安心感が生まれている場合もあるようである。学期ごとに行う個別面談によって、不安や疑問を取り除きつつ、留学および留学後の学修やキャリアプランに一歩一歩進む道筋を示していくことも大切である。一つの期生が20〜30名程度という規模だからできる学生と指導者、先輩と後輩との連携が鍵となっているコースとも言えるだろう。

注

1　なお、本調査では世界連帯意識の育成のうち「ゴミを減らす努力をしていない」という項目について手続き上のミスからデータが収集できなかったので、これ以外の71項目について分析している。

引用文献

経済産業省.（2011）.「グローバル人材育成推進会議中間まとめ」. http://www.meti. go.jp/policy/economy/jinzai/san_gaku_kyodo/sanko1-1.pdf

鈴木佳苗・坂元章・森津太子・坂元桂・高比良美詠子・足立にれか・勝谷紀子・小林久美子・橿淵めぐみ・木村文香.（2000）. 国際理解測定尺度（IUS2000）の作成および信頼性・妥当性の検討. 日本教育工学会論文誌, 23（4）, 213–226.

文部科学省.（2011）.「産学官によるグローバル人材の育成のための戦略」. http:// www.mext.go.jp/component/a_menu/education/detail/__icsFiles/afieldfile/2011/06/ 01/1301460_1.pdf

吉田文.（2014）.「グローバル人材の育成」と日本の大学教育—議論のローカリズムをめぐって—. 教育学研究, 81（2）, 164–175.

卒業生インタビュー

仁後星来さん（株式会社アウテック　勤務）

広島修道大学を選んだ理由

　交換留学をはじめとした留学プログラムが充実しているからです。英語をしっかり学べる環境が整っていると感じました。

在学中に頑張ったこと

　1つ目は留学です。3年次から4年次にかけ、アメリカのノースカロライナ州立大学（NCSU）に交換留学生として約10ヶ月間の留学をしました。授業やサークルを通して日々リスニングやリーディングに取り組み、最後の最後で何とか交換留学に必要なTOEFLの基準点をクリアすることが出来ま

した。

アメリカの大学の課題量は日本と比べ物にならないほど多く、毎週少なくとも 100 ページ以上は教科書を読み込んでレポートやプレゼンテーションを作成していました。言語のハンデがある中で、最終的に A 評価を頂けたクラスもあったことは大きな喜びとなりました。また、授業以外でもハロウィンやクリスマスなど様々なイベントにも参加させてもらい、異文化体験という意味でもとても良い経験となりました。

2 つ目はサークルです。即興英語ディベートサークルに、初期メンバーとして登録し活動に取り組みました。この即興英語ディベートで必要とされる能力は、幅広い知識、論理的に説明する力、英語でのスピーチ力、など様々です。このサークルでの活動を通し、世界情勢や時事問題に興味を持つことができ、さらに相手に伝わるように英語でスピーチ出来るようトレーニング出来たことは今の仕事でも非常に役に立っています。

現在の仕事およびその魅力

東京のハイヤー会社 OUTECH（アウテック）で、プランナー（ドライバー兼ガイド）として海外の富裕層ゲストの対応をしたり、予約手配や海外企業との商談会などの業務に携わっています。プライベートジェットやファーストクラスに搭乗して来日されるゲストをお迎えし、観光案内やレストランの予約、プレゼントの手配など、ゲストに喜んで頂くためにできる限りの対応をします。

この仕事の魅力は、普段ならまずお会いすることのない方々への対応ができること、そして、そのような方々からご指名を頂き、家族ぐるみでお付き合いをするほどの信頼関係を築くことができることです。英語力を生かせる仕事を探していた私にとって、今の仕事はまさに理想の仕事です。

（勤務先は原稿執等時のもの。現在はイギリスのハイヤー会社、香港オフィス勤務）

藤本めぐみさん（全日本空輸株式会社　勤務）

広島修道大学を選んだ理由

　海外の提携大学も多く、アジア・欧米圏への留学プログラムも短期や長期など様々用意されており、個々に合った留学スタイルを選択することが可能です。また自ら留学するだけでなく、海外からの留学生の受け入れも中四国の私立大学では最も多く、学内における交流の場もたくさんあることから広島修道大学を選びました。また英語英文学科の講義では、少人数制のものが多く、特に「Speaking」や「Writing」ではネイティブの先生が担当しており、生きた英語に触れながら学習できることも魅力のひとつでした。

在学中に頑張ったこと

　オハイオ州のケント州立大学へ短期留学しました。約1カ月という短い期間だったため、少しでもアメリカ人との交流の場を増やそうと、学内にいる現地の学生に積極的に声をかけて友人を作り、授業が終わると友人たちと出掛けたりして、英語に触れる機会を増やしました。現地で生活するなかで、友人から身振り手振りを交えて英語で教わった英単語は、とても印象に残っており、今でも忘れられません。短期間のため、大幅な英語力アップは難しい部分もありましたが、身をもって文化に触れることで、その後の英語学習への動機づけに繋がる経験となりました。

現在の仕事およびその魅力

　現在は全日本空輸株式会社（ANA）で客室乗務員として働いています。国内線・国際線の旅客機において、お客様の搭乗から到着までの間、機内にて飲み物や機内食を提供するサービス業務や、お客様を安全に目的地へ送り届けるための保安業務を行っています。現在入社6年目の私は、国際線ではエコノミークラス、ビジネスクラスを、国内線では客室全体を指揮するチーフパーサーなどを担当しています。客室乗務員の仕事はお子様からご高齢の方まで、国籍問わず様々な背景・目的を持った多くの方々と日々接することができます。同じ対応でもお客様によって反応は様々で、正解はありませんが、お客様の様子や会話の中からヒントを得て、そのお客様に合った対応を考えていくことが、この仕事の難しさでもあり、やりがいでもあります。

　近年は国際線に限らず、国内線においても多くの外国籍のお客様がご搭乗になります。日本の観光地や食べ物をご紹介したり、反対に海外でのオススメ情報を教えて頂くこともあります。日本人の私たちにとって当たり前の対応も、外国籍のお客様にとっては驚きのサービスだと感じて頂けることも多々あります。日本に到着する前、また日本を出発された後の飛行機の中まで、「日本のおもてなし」を感じ、日本の魅力をより感じて頂けるよう、これからも努めてまいりたいと思います。

岡森真理さん（広島国際学院高等学校　英語教諭）

広島修道大学を選んだ理由

　教員免許（外国語）が取得できるからです。中学生のころから教員にあこがれを抱いており、教員免許が取れることが大学を選ぶ優先事項でした。「英語科教育法」という授業を中心に、教壇に立った時を見据えて指導をしていただけたことが現在にも役立っています。また、県内有数の教育環境がそろっていたことも決め手となりました。「この図書館にこもって勉強してみたい」とオープンキャンパスの時に思ったことを思い出します。

在学中に頑張ったこと

　英語英文学科では、「イギリス文学」「アメリカ文学」「言語学」「欧米の文化」などを本格的に学べる授業が多くあり、各授業を集中して聞いていました。中でも「ゼミナール」は、少人数で先生との距離も近い中で学べるのでとても有意義な時間でした。私が在籍していたゼミナールは4年次に卒業論文の中間発表を兼ねた合宿を香川県小豆島で行っており、勉強だけでなく、先生やゼミナールの仲間たちと楽しい思い出も作ることができました。

　その後、広島修道大学大学院へと進学することで、より専門的に英語を学ぶことができました。広島修道大学で過ごした6年間はまさに「勉強した！」と言い切ることができます。

現在の仕事およびその魅力

　現在私は夢を叶えることができ、広島県内の高等学校で教壇に立っています。この仕事はただ授業をすればいいという訳でなく、さまざまな仕事をこなさなければなりません。私はサッカー部の顧問もしており、放課後や休日もフル稼働です。ですが、生徒一人一人の成長が見えた瞬間の喜びは何にも代えがたく、次も頑張ろうと思わせてくれます。業務は多忙を極めますが、大学時代に私に対して真摯に向き合ってくれた広島修道大学の先生方のように情熱をもって、これからも生徒と向き合っていきたいと思います。

鬼村育代さん（株式会社石﨑本店　勤務）

広島修道大学を選んだ理由

　教員免許（外国語）の取得と海外留学の両方を実現させる環境が整っていたからです。中学生のころから英語の教師になることが夢で、教員免許を取ることが大学進学の目的の一つでした。また、英語圏に長期留学して生の英語を身に付けたいと思っていたため、オープンキャンパスでいろいろな国での交換留学制度のある修道大学は私にぴったりだと思い進学を決めました。

在学中に頑張ったこと

　4年生の時にカナダの大学に1年間交換留学をしました。交換留学は現地

の学生と一緒に授業を受けるため、最初は先生が何を言っているのか全くわからず逃げ出したくなったこともありました。でも、ルームメイトにエッセイを添削してもらったり、先生の所へ何度も質問に通ったりしたことで、帰国する頃にはディスカッションにも参加できるようになりました。そして帰国後は、英語で卒業研究論文を執筆し、優秀論文に選んでいただきました。

授業以外では、留学生の生活をサポートするボランティアに参加し、世界中から来たたくさんの留学生と出会いました。今もお互いに連絡を取り合い、お互いの国を行き来しています。

入学時の目標であった教員免許の取得も交換留学もやり遂げ、勉強も遊びも思う存分楽しむことができたので、胸を張って大学生活をやりきったと言えます。

現在の仕事およびその魅力

現在、自動車用ドアミラーの製造を主事業とする（株）石﨑本店という会社で、海外 5 カ国にある子会社の経営をサポートする仕事をしています。海外にある会社の資料は英語のものがほとんどで、英語で書かれた資料を分析したり、世界各地にある子会社の方々と英語でやり取りをするときには大学で学んだ英語を生かせていると実感しています。

入社して感じるこの仕事の一番の魅力は、常に新しいことを学び続けられるということです。会社経営のサポートに必要な製品の知識や財務・会計・税務・法務に関する知識など、大学で学んできたこととは全く異なることばかりですが、勉強すればするほどわかることが増えていくことに魅力を感じています。

先日は、中国の子会社へ財務監査に行く機会がありました。日本とは異なる会計規則や商習慣などわからないことばかりでしたが、「もっと勉強してわかるようになりたい！」と、新たな目標ができました。今は大学に入学した時には想像もしていなかった世界で働いていますが、この新しい世界に踏み込むことができたのも、どんな時も背中を押してくれた友人たちや、最後まで応援してくださった先生方のおかげであると実感しています。

第 11 章

Curriculum Development: Active English for 1ˢᵗ Year University Students

Jim Ronald

要旨：

2017 年度新カリキュラムでは 4 学期制を活用して週 4 日英語母語話者が担当する Active English という授業をスタートさせた。本章ではその授業の概要を述べるとともに、教員と学生を対象におこなった質問紙調査の結果を振り返り、2018 年度以降の授業の改善について検討する。

In April 2017, a major new curriculum was introduced in Hiroshima Shudo University's Department of English. A core component of this new curriculum has been two twin courses, together named *Active English*, for all 1ˢᵗ year Department of English students. The purpose of this paper is to describe the background to the development of the courses, then to report and discuss students' responses concerning the contents of the courses, and their development as learners of English.

The paper will begin by describing the educational background for which this curriculum change was proposed and accepted: first, concerning the university and the students; next, the curriculum at the time, and why there was felt to be a need for change. This will be followed by a short description of the shared objectives of the two *Active English* courses, before we proceed to focus on one of the two *Active English* courses from its development and through the first term of the course.

This paper will report the perspectives of the students as they reviewed the completed first term of the course. Questionnaires, written and completed in Japanese, were prepared for the students; these asked about various aspects of the courses, and related matters such as students' intention to study abroad or their views as to whether there should be an advanced class for these courses. Questionnaires prepared for the teachers were also concerned with various aspects of the course, such as proportions of the course that should be devoted to speaking, listening, reading and writing. The survey also included teachers' estimations of students' abilities, motivations, and confidence levels, their progress through the term, and how the teachers addressed student needs observed through each term.

Background

Hiroshima Shudo University is a middle-ranking private Japanese university, with a student population of a little over 6, 000 students. There are six faculties, one of which is the Faculty of Humanities and Human Sciences, and within which is the Department of English. The Department of English has a yearly intake of around 125 students, making a total, over the four years, of around 500 students. Over 80% of students live locally and commute from home. In terms of English language proficiency, at entry the majority would be categorized as lower intermediate learners, with proficiency greater in written than in spoken language, and stronger in receptive knowledge than productive. In Japanese high schools, there is now greater attention placed on spoken interaction than in the past, but because there is no speaking element in university entrance exams, teachers and students do not spend much time on this in the final year of high school. The English abilities of 1st year students at the university are largely a product of this educational environment.

Students enter the Department of English with a wide range of purposes, goals or dreams. Some students hope to have a job using English after graduation, with a smaller number with more precise goals such as to become an English teacher or a flight attendant, for example, while many have not thought seriously about what they might do after graduation from university. Many students do aim to study abroad, although this may range from a one-month course to a few months, or to going as an exchange student for an academic year to a partner university. While there are some students who have a clear awareness of what they need to do to achieve their goals, many do not and may not have a strong belief in their ability to reach these objectives. On the other hand, others have goals that may be attained with little effort beyond doing what is required of them through their regular classes.

There is also a relatively wide range of abilities concerning English among these 1st year students; in terms of CEFR levels, levels range from A1 to B2, although most would be placed at A2 level. In terms of confidence and motivation, the students range from those eagerly seeking opportunities to communicate in English to those actively avoiding such opportunities, even in class.

The Curriculum: Why change

Until 2017, the majority of 1st year English Department students had only one class per week which might have been described as focusing on productive English skills: the *Speaking Class*. On the other hand, the students did have a number of what might be termed remedial skills courses and academic skills courses: re-teaching what was taught in high school, and focusing on language-related skills that were felt to be a requirement of the students at university. It was felt that this curriculum was inadequate for a number of reasons. For 1st year students, speaking Japanese in classes remained the norm, and switching to and staying in English was a challenge. Related to this, whatever expectations or hopes of studies students may have had on entering the English Department were revised to fit this "mostly-in-Japanese experience" of their 1st year curriculum. Further, teachers adjusted to this environment of low expectations.

Curriculum revision process

In 2015, as the plan to revise the English Department curriculum got under way, a proposal was made to create a first-year course of studies in which students would have a greater number of classes in which they used English. The two native English speaker teachers in the Department proposed that these should be 45-minute classes; in this way, an "English every day" objective could be achieved without radically changing the 1ˢᵗ year curriculum. After consultation within and beyond the English Department, a more radical approach was decided on: to have 90-minute English-using, "active learning" classes on four days of the week. Each student would have these classes four times in one week, taught by two teachers: Monday and Thursday, and Tuesday and Friday.

With this decision made, two aspects of this course of study needed to be considered: the contents of the courses and the interaction between the Monday-Thursday and Tuesday-Friday courses. Over a year was spent preparing for these new courses, and part-time teachers as well as full-time teachers were involved in the consultation and decision-making process over this period. Many of the teachers who were involved in this process have now become teachers on these two courses.

Course content

From the beginning, there has been agreement that the main aim of the *Active English* courses would be to improve students' English-speaking skills. At the same time, these were not seen as "one skill" Speaking courses, and vocabulary-building has been an important aspect of both courses, as has grammar. Further, although there was no directive that these should be "four skills" courses, as their main first year courses, there has been a general consensus that the courses would include some focus on reading, writing and listening in addition to speaking. Extensive reading, too, representing both vocabulary and grammar, has also been one important strand of the courses, giving students the opportunity to increase the amount and frequency of their contact with English. As Nation (2013, p. 53) notes, extensive reading provides learners with large amounts of the input that is vital for the development of proficiency in a foreign language.

For one of the two courses, course books were selected as the central focus for teaching, chosen largely for meeting the above requirements of the course. With the other course, there has been a stronger focus on specific strands and blocks of course content: strands being elements of the curriculum that would continue for a term or more, possibly for the whole academic year, but would not be the central focus of study for that time, while blocks would cover a number of weeks, as much as one term, and would be the central focus of study during this time. The strands decided on for this course were extensive reading (also shared with the other course), pragmatics or speaking strategies, vocabulary development, and learner development. As for the blocks for the first two terms, these have been conversational proficiency and small group presentation. The topics for conversation would be mainly about everyday topics or "My Thing", with each student telling about a particular interest or aspect of their life. For presentations, topics would be issues that were of interest or a matter of concern to students, from local topics such as smoking on campus to national or global issues, such as nuclear power.

Course evaluation

Inevitably, even with a shared course description, common course books or agreed programs of study, each teacher will teach course content differently, manage the class differently, bring different activities to the class, and employ different technologies from each other. In fact, from the beginning our course design has deliberately included "teacher's time" to allow individual teachers to pay attention to particular aspects of the language that they felt their students would benefit from. None of this is seen as a problem for the courses or for the teachers, but it does mean that when the students are completing their questionnaires about the two courses, each student is referring to their class and their teacher and class-mates that made up their experience of the courses. Having noted this, with four teachers for each course, teaching six classes per course, limitations of space and time mean that this paper will not report or compare data for individual classes. Rather, it will mainly focus on students' perceptions of one of the two courses.

Speaking: Purpose, challenge, content

In the background section of this paper, one reason hinted at for the focus on developing speaking ability in this new curriculum was that productive language use, especially spoken language, may be expected to be a weak area for these students of English. There are two further important reasons for making speaking the central focus of these courses. One is simply that speaking in the target language is "an essential language-communication skill" (Goh & Burns, 2012, p. 15). Secondly, language output is an essential part of the process of acquiring a foreign language (Goh & Burns, 2012, pp. 16–20).

The teaching of spoken language represents a particular challenge for teachers, in part because speaking itself is rarely focused on in the practice of speaking. Rather, attention in textbooks is typically focused on a wide range of topics in various genres, often more concerned with particular purposes or tasks, and in settings that are defined by social contexts and relationships. This is especially true of conversation.

This raises the question of what should be covered in a speaking-centred syllabus. As noted above, course content – in terms of tasks, topics, or activities – may not refer directly to speaking, but the objectives of the course should primarily be expressed in terms of core speaking skills and their development. Goh and Burns (2012) provide a very useful table listing core speaking skills, that may be usefully employed both in curriculum planning and in course or learner evaluation. The table is reproduced below:

第 11 章　Curriculum Development: Active English for 1st Year University Students　221

Table 1. Four categories of core speaking skills（Goh & Burns, 2012, p. 59）

Core skill	Specific skills *
a. **Pronunciation** Produce the sounds of the target language at the segmental and suprasegmental levels.	● Articulate the vowels and consonants and blended sounds of English clearly. ● Assign word stress in prominent words to indicate meaning. ● Use different intonation patterns to communicate new and old information.
b. **Speech function** Perform a precise communicative function or speech act.	● Request: permission, help, clarification, assistance, etc. ● Express: encouragement, agreement, thanks, regret, good wishes, disagreement, disapproval, complaints, tentativeness, etc. ● Explain: reasons, purposes, procedures, processes, cause and effect, etc. ● Give: instructions, directions, commands, orders, opinions, etc. ● Offer: advice, condolences, suggestions, alternatives, etc. ● Describe: events, people, objects, settings, moods, etc.
c. **Interaction management** **	● Initiate, maintain, and end conversations. ● Offer turns. ● Direct conversations. ● Clarify meanings. ● Change topics. ● Recognize and use verbal and non-verbal cues.
d. **Discourse organization**	● Establish coherence and cohesion in extended discourse through lexical and grammatical choices. ● Use discourse markers and intonation to signpost changes in the discourse, such as a change in topic. ● Use linguistic conventions to structure spoken texts for various communicative purposes, e.g., recounts and narratives.

* These are important speaking skills within each category of core skills. The lists are not exhaustive.

** Some linguists refer to this as "discourse management."

The topics, approaches, and activities adopted for the *Active English* courses do not have a simple match with the skills listed above. However, it is worth considering the degree to which the contents of the two *Active English* courses may have addressed these skills during the first year, and what areas of spoken language or interaction may be added, as well as skills or areas other than those centred around spoken language.

Student surveys

We will now go on to the survey of students for the first term of the courses, again focusing on the *Active English I* course: the Monday-Thursday *Active English* classes for the first term. Two separate questionnaires were prepared, one for students and one for teachers, and administered at the end of this term. The questionnaire for students was composed of six open questions and eight 4-point Likert-style limited choice items, and administered in Japanese. The full original questionnaire may be found in the Appendix. Below is an English translation of the questions and statements included in the questionnaire for *Active English I* students:

1. In class, in what area have you made most progress?
2. In class, in what area have you made least progress?
3. Thinking about what we have done in class, what would you most like to do more of?
4. Generally, how do you feel about *Active English*, with two teachers and four classes a week?
5. How much have you tried to use English outside class?
6. What would you suggest to make the Monday/Thursday *Active English I* classes better?
7. Through this course I have become more confident about using English.
8. Through this course I have learned English learning strategies.

9. I enjoy reading English books in class.

10. I am reading a lot of easy English books.

11. In the classes there were opportunities for active learning, such as group work.

12. Overall, I am satisfied with the Monday/Thursday *Active English I* classes.

13. I think that there should be an advanced level class.

14. I am planning to study abroad.

As there is no space to consider all of the issues addressed by the 14 questions, we will consider, mainly, student responses to Questions 1, 2, 7, 9 10, and 13. For the majority of questions, we will focus mainly on total responses for the six classes of students, while acknowledging the differences in responses from teacher to teacher.

Perceived progress

For Question 1 and 2, (*In class, in what area have you made most progress?* and *In class, in what area have you made least progress?*) Table 2 shows the most common responses for each teacher's classes (classes 1 and 4 were both taught by one teacher, as were 2 and 5).

Table 2. Reported progress through term 1 Active English classes.

Classes	1. In class, in what area have you made most progress?	2. In class, in what area have you made least progress?
1, 4	Speaking Listening	Speaking Vocabulary Writing Grammar
2, 5	Speaking Listening	Vocabulary Grammar Speaking

		Writing
3	Speaking Presentation	Grammar Writing Speaking
6	Speaking Listening	Speaking Grammar

Because these were open questions with answers given in Japanese, there was a wide variety in the ways in which students responded. For this reason, responses for the largest category, *Speaking*, were initially categorized as either speaking ability or communicative ability, in an attempt to provide a more accurate reflection of student responses that included both these terms as well as just *speaking*, in Japanese or katakana, and various more specific responses such as "thinking and speaking", "speaking with the teacher", or "pronunciation". However, this distinction became meaningless since many of these answers could not be easily assigned to just one of the categories, and neither could students' specific intentions be accurately interpreted. Rather, combined, the responses do reflect something of Goh and Burns' (2012) multi-faceted description of speaking.

Despite the lack of clear answers from these questions, two related aspects of the responses are worthy of attention. One is that the main areas in each class where most students feel they have made most progress are speaking-related, with presentation and listening skills also listed. Speaking was also one area where the least progress was reported, perhaps reflecting the struggle that students feel with this area of foreign language proficiency, one which was largely neglected in the students' formal English education until university. The apparently contradictory data may also reflect insufficient scaffolding for those students who were not confident about their proficiency as speakers of English: for many, just being told to start talking was not enough. This may be an issue for *Active English* teachers to address in subsequent years. One further point worth making at this stage is that these results, together with others reported below, represent just one eighth of the students' English classes: one of four terms, and one of two courses for each of the terms.

Learner confidence

A question related to the above discussion about areas in which areas of English progress has been made concerns learner confidence about using the language: *Through this course I have become more confident about using English.* Responses are shown in Table 3.

Table 3. Students' self-reported evaluations of their increased confidence as English users.

Definitely	Probably	Probably not	Definitely not	Total
38 (34. 5%)	58 (52. 7%)	12 (10. 9%)	2 (1. 8%)	110

These figures may lead us to a fairly straightforward conclusion that approaching 90% of the students felt that they became more confident users of English thanks to their first term of *Active English*. For most of these students, however, use of English was restricted to their *Active English* classes: either actually in the classroom, or when reading, or when doing homework. This in turn helps us to see the role of the classroom not only as a place for learning the target language but also a setting for much of learners' language use in foreign language settings. As Thornbury and Slade (2006, pp. 275–278) point out, the language classroom can serve both as a place for learning a foreign language and as one for conversations in the language. From this perspective, then, we can interpret the survey responses in this way; students felt they became more confident about their use of English in class with classmates or with their teachers. Certainly for some of the teachers of the *Active English* course, one major objective, especially for this first term, was for classmates to become friends, and for the language classroom to be a social learning space.

Extensive reading

Reading in class, and extensive reading generally, was an activity that was conducted and promoted in each of the twelve *Active English* classes, although undoubtedly to differing degrees that may be reflected in student responses for questions. Again, data will be provided for each class of one course, *Active English I*, but with attention focused on totals for all six classes for the first term

Table 4. Students' reported enjoyment and practice of reading in English.

	Enjoy reading in class		Read a lot	
	Very much	Fairly	Very much	Fairly
Class 1 Teacher A	3	8	4	6
Class 2 Teacher B	7	7	2	9
Class 3 Teacher C	4	11	3	9
Class 4 Teacher A	6	4	1	10
Class 5 Teacher B	10	6	2	11
Class 6 Teacher D	3	12	1	9
Totals (total responses)	33 (30. 0%)	48 (43. 6%)	13 (11. 8)	54 (49. 1)

As Table 4 shows, while there is some variation from class to class, the majority of students, almost 75%, do report enjoying reading English books in class. This in itself is an impressive figure if we consider how few young people do actually read books in their native language. In contrast, only very few claim to read a lot of English books.

If we recall that extensive reading was one of the year-long strands of this course, and in fact the only stated shared objective of the two *Active English* courses, student responses show very clearly that most students are not doing what is termed extensive reading, since one essential element in the definition of extensive reading is that "Learners read as much as possible" (Day & Bamford, 1998, p. 7–8; Koby, 2017). There has been much discussion of what volume of reading might be expected for lower intermediate level readers, but one mid-

第 11 章　Curriculum Development: Active English for 1ˢᵗ Year University Students　227

range graded reader per week (for example, Oxford Bookworms, level 3) of about 5, 000 words does seem to be a reasonable beginning target for most students, especially if we consider that silent sustained reading of about 15 minutes has been part of the majority of *Active English* classes, and that these are students who are majoring in English. Only a few students in each class were reading this amount of English at this stage. 10, 000 – 15, 000 words was more typical of the majority of students for the eight weeks of this first term, a volume of reading that may not be equated with extensive reading or reading "as much as possible".

As a result of the survey responses and lower than hoped for levels of reading for the first two terms of encouraged extensive reading, it was felt that encouragement to read more was not sufficient as a motivator for students who had until recently been high school students. From the third term, 15 % of the grade for the term was assigned for English reading for one of the students' *Active English* courses, with a requirement of 30, 000 words of English books per term. Discussions are still continuing regarding English reading requirements per term for the following year. In addition, an online reading system, together with a learning management system will be trialled with *Active English* classes in the next academic year.

Streamed classes

One question that was asked of students in the survey is also one that teachers have reflected on: whether classes should be streamed. Specifically, for students the question asked was whether there should be an advanced level class, while in meetings *Active English* teachers have also considered the possibility of having a class for the *Active English* students with the lowest levels of English proficiency.

Responses to the survey question *I think that there should be an advanced level class* are shown in Table 5.

Table 5. Student views on the desirability of an advanced level class for *Active English*.

Definitely	Probably	Probably not	Definitely not	Total
10 (9.1%)	34 (31.0%)	56 (51.0%)	8 (7.3%)	110

As we can see, there is an overall student preference, about 60–40, for not having an advanced level class for more proficient students. However, on reflection, this question may have seemed rather ambiguous, and student responses may be a reflection of this ambiguity. Some students may have seen this question as referring to their current classes: in other words implying "would you be happy to be separated from some of your classmates?" For other students, the question may have seemed more abstract: either referring to their beliefs regarding education or to how classes in subsequent years should be organized.

For teachers, one fundamental issue is whether students will benefit from streamed classes, and whether the benefits would be restricted to the students in an advanced class. One further consideration is that with two parallel *Active English* courses, one course could be streamed and the other not. Related issues include how to identify more proficient students for the advanced class. At our university this has been done based on test scores for a TOEIC Listening and Reading Test taken during the first week at the university. This test is not an ideal measure of speaking proficiency, the main focus of the *Active English* courses. A further issue is whether movement between classes would be possible for students, after one or two terms.

Conclusion

This paper began with a description of the background of the development of the new curriculum for English Department students, then went on to describe a survey of students' impressions of the first term of one of the courses. We focused specifically on four areas: areas where students felt they made most and least progress through this first term; their estimation of whether or not they had become more confident users of English through the course; students' enjoyment of, and practice of reading for pleasure in English; and, finally, students' views of whether or not *Active English* courses should include an advanced class for more proficient students.

To summarize responses to each of these issues, the majority of students felt they made the greatest progress through the *Active English* classes in their speaking and listening abilities, although the survey results highlighted the multifaceted nature of these skills. Regarding confidence regarding English, almost 90% of students reported increased confidence. For reading, the majority of students reported enjoying reading in English, although the small proportion of students who reported doing a large amount of reading suggests that extensive reading was only taking place for around 10% of the students. Finally, the majority of students did not approve of the idea of an advanced level class for *Active English*.

Each of the areas investigated are also matters of interest to teachers of the course: discussed in detail prior to the course, in formal and informal teacher meetings as the course developed, and in this paper as discussions of the survey responses. These reflections will also help to inform decisions regarding the course as it approaches its second year.

References

Day, R.R., and Bamford, J. (1998). *Extensive reading in the second language classroom.* Cambridge: Cambridge University Press.

Goh, C.C.M., and Burns, A. (2012). *Teaching speaking: A holistic approach.* Cambridge: Cambridge University Press.

Koby, C. (2017). An interview with Richard Day. *The Language Teacher, 23* (7), 22–22.

Nation, I.S.P. (2013). *What should every EFL teacher know?* Seoul: Compass Publishing.

Thornbury, S., and Slade, D. (2006). *Conversation: From description to pedagogy.* Cambridge: Cambridge University Press.

230   Jim Ronald

Appendix: Questionnaire for 1ˢᵗ Term Active English I students

このアンケートは、新しい英語コースの研究調査と授業改善のために実施するものです。あなたの回答は大変貴重であり、今後の授業のあり方に反映させていただきます。回答内容があなたの成績評価に影響することは全くありませんので、出来る限り率直に、真剣に答えて下さい。ただし、教員個人に対する誹謗中傷など、この調査の目的から逸脱した記述はしないでください。

4 月、5 月（ターム 1）の月・木の授業について考えて下の質問に答えてください。
ご協力をよろしくお願いします。

1.授業で一番あなたの英語が上達したのは何ですか？

2.授業で一番あなたの英語が上達しなかったのは何ですか？

3.授業の中で何をもっとしたかったですか？

4.二人の先生と週に四回の授業の Active English を、全体的にどう思いますか？

5.授業以外であなたは英語をどのように使おうとしましたか？

6.月・木の Active English をもっと良いコースにするために何を勧めますか？

7.このコースは英語を使うために自信になった。

全くそう思わない　　　　　　　　強くそう思う
　　　　　　1　　　　2　　　　3　　　　4

8.このコースを通して良い学習の方法が身についた。

全くそう思わない　　　　　　　　強くそう思う
　　　　　　1　　　　2　　　　3　　　　4

9.この授業中で英語の本を読む時間が好きだ。

第 11 章　Curriculum Development: Active English for 1ˢᵗ Year University Students　231

全くそう思わない　　　　　　　　強くそう思う
　　　　　　1　　　　2　　　　3　　　　4

10. 私はたくさんの簡単な英語の本を読んでいる。

全くそう思わない　　　　　　　　強くそう思う
　　　　　　1　　　　2　　　　3　　　　4

11. 授業の中で私は班ごとの作業のような活発な学びの機会があった。

全くそう思わない　　　　　　　　強くそう思う
　　　　　　1　　　　2　　　　3　　　　4

12. 全体的に、私は月・木の Active English の授業で満足した。

全くそう思わない　　　　　　　　強くそう思う
　　　　　　1　　　　2　　　　3　　　　4

13. 私は上級のクラスがあればいいと思う。

全くそう思わない　　　　　　　　強くそう思う
　　　　　　1　　　　2　　　　3　　　　4

14. 私は留学することを計画している。

全くそう思わない　　　　　　　　強くそう思う
　　　　　　1　　　　2　　　　3　　　　4

Thank you very much!

第 12 章

Vocabulary Profiling the University Graduation Theses of Japanese Learners of English

Keith Barrs

要旨：
英語英文学科では 4 年間の学習の集大成として卒業研究論文を執筆することになっている。本章では 2010 年から 2016 年にかけて書かれた英語論文を電子化し、その言語的特徴を探っている。

Introduction

For successful interaction in a globalised work environment, modern society demands at least a basic productive command of the English language. The rapid and extensive integration of the language throughout the societies of the majority of the world's nations means that exposure to English, in its wide variety of forms and functions, is an undeniable facet of modern life (Berns, 2005; Bruthiaux, 2003; Seargeant, 2005). As Fishman (1996) unequivocally states in his account of the post-imperial age of English, "the world of large scale commerce, industry, technology, and banking, like the world of certain human sciences and professions, is an international world and it is linguistically dominated by English almost everywhere, regardless of how well established and well-protected local cultures, languages, and identities may otherwise be" (p. 628). Across the globe, in emails and newspaper reports, on product packaging and road signs, at train stations and airport terminals, and within TV programming and radio broadcasts, English is to be found in spoken and written form, being used as the native, second, or foreign language of personal, business, legal, and political language. English is the world's only true international language.

In Japan, English is undeniably the most important foreign language: being a *skill* taught throughout the education system, an *ability* upon which many businesses base recruitment, assignment, and promotion decisions, and a *tool* used throughout the advertising and entertainment industries (Iwasaki, 1994; Stanlaw, 2004). As such, English language education has long been, and continues to be, a critical feature of the educational policy of the government, translating into required English classes from elementary schools up to university lectures. With the Ministry of Education, Culture, Sports, Science and Technology (MEXT) stating that universities should strive to "cultivate individuals who take leadership and help create a future vision of society", English education is seen in Japan as an integral component of this preparation of university students to effectively participate in the global workplace that awaits them on graduation (Butler, 2007; Mie, 2013).

The traditional means in Japan of assessing students' English abilities at their time of graduation, something which is important to the university professors and administrators, the students themselves, and prospective employers, is performance on a standard English Language test, such as the institutionally-administered Test of English for International Communication (TOEIC IP) and Test of English as a Foreign Language (TOEFL ITP). However, these tests are primarily indicators of students' receptive English skills, as the tests only examine listening and reading. Although more comprehensive receptive/productive skills tests such as the International English Language Testing System (IELTS) test and the TOEFL internet-based test are available, their high cost and labour-intensive administration mean that they are not established tests within the majority of Japanese universities. As a result, in terms of the productive English skills of graduating Japanese university students, there are very few resources available on which to evaluate their abilities. Considering the fact that students will likely need both receptive and productive English skills when working in a global work environment, knowledge of both the receptive and productive English language abilities of university students would be beneficial not only to the students themselves as they graduate into the workplace, but also to the university teaching and administration staff who could use the data to reassess and advance the existing English-teaching curriculums.

This article reports on a project undertaken at the author's university, a mid-ranking medium-sized liberal arts private institution in Western Japan, which aimed to evaluate the productive English skills of students graduating from the Department of English and use the findings as part of a feedback loop: to help identify actionable changes that were necessary in the Department's course content. Specifically, a corpus was compiled of the graduation theses of students who had selected to write their thesis in English. 149 theses spanning the years 2000 to 2016 were compiled into the Corpus of University Graduation Theses of Japanese Learners of English (CUGTJLE). Vocabulary profiling software was used to assess the vocabulary level across the theses, and the results were compared with a specially adapted version of the British Academic Written English corpus (BAWE), originally compiled and maintained by the Universities of Warwick, Reading, and Oxford Brookes. The intention of comparing the vocabulary profile of the CUGTJLE with the adapted BAWE was to assess what overall level of vocabulary was being used by the Japanese students in their graduation theses. It was believed that because the writing courses in the first and second years were not especially focused on academic writing skills, but covered more general topics such as story writing and email composition, students may be embarking on the writing of the graduation thesis in their final two years of study with an insufficient productive academic-vocabulary ability. If this belief was correct, it would be necessary to renew the course curriculum to ensure that students were receiving enough instruction, support, and guidance relating to their vocabulary acquisition.

This study first gives an overview of the importance of the English language throughout Japanese society, particularly as a required subject of study at every stage of the education system and a life skill that is sought by prospective employers. Then an overview is given of the author's institution where the research was carried out, in order to provide the context of the research, which was initiated as part of the far-ranging curriculum development in the Department of English to better align the course content with the overarching guidelines from the Ministry of Education. Details are then given of the resource used to evaluate the productive English abilities of the Japanese university students; focusing on how the two corpora were compiled and then how they were analysed with the word profiling software. The findings of the corpus analysis are discussed with a focus on their relevance to feeding back into a reassessment of the writing courses offered to students in the department, and in particular the practical adjustments which have been made in the course content of the seminar class where students write their thesis.

Background

English in Japan is resolutely a foreign rather than second language, used for its instrumental value as the world's most powerful and influential international language (Gottlieb, 2008; Seargeant, 2008). Rather than being institutionalised within the country in areas such as political and legal domains, as it is with countries with a history of colonisation by Britain or America (known as Outer Circle countries), English in Japan has a predominantly outward focus, being used as a tool of communication for interactions between Japan and the global business world. Indeed, it is estimated that only around 1% of the population habitually speaks a language other than Japanese, and this 1% is made up of not only English, but other minority languages in the country such as Chinese and Korean. As Irwin (2011) states, "combined speaker numbers for all non-indigenous languages likely do not exceed 1% of the population and the over-whelming majority of the inhabitants of Japan today, whatever their ethnicity and whatever their culture, have, to use Bloomfield's (1933) definition of bilingualism, 'native-like control' over only one language: Japanese" (Irwin, 2011, p. 2). Despite this, the Japanese government clearly recognises the global influence and importance of English; shown through the regular plans, proposals, and projects initiated by the Ministry of Education, Culture, Sports, Science and Technology (MEXT). In particular, in 2013 they proposed the 'English Education Reform Plan responding to Globalization' (2013), where it was stated that "MEXT is working to enhance English education substantially throughout elementary to lower/secondary school upon strengthening English education in elementary school in addition to further advancing English education in lower/upper secondary school". At the university level also, MEXT has formulated initiatives to increase the number of courses conducted in English, while working to internationalise higher education in the country in general. At Japanese universities, English is a required subject for the vast majority of first-year undergraduate students, regardless of their major. The reason being that university is for many Japanese citizens the last step on the educational ladder before entry into the workplace, and as such a primary function of university-level education is to prepare students for their encounters with an English-using global work environment.

Not being a national or prefectural university in Japan, where most of the efforts to 'internationalise higher education' are concentrated, the author's medium-sized private university offers a more representative and typical view of the English curriculum administered at the university level. The main English-related courses are offered in the Department of English (which combines both a language and a literature focus), housed in the Faculty of Humanities and Human Sciences, one of the seven faculties in the university. The Department has two full-time English native-speaker professors of English, ten Japanese professors of English, and several English native speaker and Japanese part-time lecturers and teachers. As English education is compulsory in the first year of study in all of the faculties, there is also a group of professors, lecturers, and part-time teaching staff who teach English-related courses throughout all departments of the university.

During one of the regular periods of curriculum assessment and renewal, a large-scale overhaul of the courses offered in the Department of English was proposed. The aim of the curriculum renewal was two-fold: (1) to bring the teaching more in line with prevailing government guidelines, seeking to better equip students for participation in a global work environment by developing their productive and interactive English abilities, and (2) to encourage the writing of a more focused and developed academic thesis produced in students' final year of study, by introducing research specialisation classes from their second rather than third year of study. An integral part of this curriculum renewal process was a need to better understand the productive English abilities of students who were graduating from the Department, in order to translate the findings into appropriate action steps to take when redesigning the course structure and updating the course content.

An ideal resource for the evaluation of students' productive English language abilities was identified as their Graduation Thesis, a 4000-word research document on a specialised topic and a requirement of all students in the Department of English. While the majority of students write this thesis in Japanese, a small group of around 20 to 25 students per year (about 20% of all students in the Department) choose to produce this thesis in English, and an extensive back catalogue of over fifteen years of theses was held by one of the professors responsible for the supervision of these students. It was felt that the theses could offer valuable data on the productive vocabulary level of the students; specifically, the theses could be used to assess the extent to which the curriculum in the Department was preparing students to produce a research document in their final year of study of statisfactory standard in terms of its core and academic vocabulary. As previously discussed, it was felt by the supervisors of the students who opted to write their graduation thesis in English that the writing courses in the first and second years of study may not be effectively preparing the students for the task of completing the graduation thesis with a sufficient academic vocabulary. Using this resource as a way to evaluate the English produced by students in the Department would thereby offer valuable data on which to ground any changes to the curriculum. This was considered to particularly be the case because the students writing their graduation thesis in English are usually the more advanced students in the Department, in terms of English abilities. As such, any deficiencies in vocabulary level identified in the theses would be very likely to be more pronounced with many of the other, lower-level students, in the Department.

Methodology

Evaluating the productive English skills of students graduating from the Department of English involved first finding a suitable source of English produced by the students with which to conduct an evaluation, then selecting the tools and techniques for the analysis of the resource. The findings could then be fed into a feedback loop: to help identify actionable changes that were necessary in the Department's course content. As discussed in the previous section, the graduation theses of students in the Department of English who had selected to write their work in English were considered a valuable resource with which to evaluate the productive English abilities of students in the Department in general. Not only do these graduation theses represent a long-form academic document produced at the end of a student's study in the Department, but they are kept on record by the supervising professor meaning that an extensive collection of the theses was available for analysis. A corpus was compiled of the English-language graduation theses spanning the years 2000 to 2016, and was named the Corpus of University Graduation Theses of Japanese Learners of English (CUGTJLE). Vocabulary profiling software was then used to assess the vocabulary level across the theses, with the results being compared with a specially adapted version of the British Academic Written English corpus (BAWE). The findings were used to feed back into the curriculum, to make changes to the writing courses and the research-specialisation courses which help prepare the students for writing the thesis. This section gives details of the tools and processes used in the compilation of the corpus and the profiling of the vocabulary.

In order to profile the English vocabulary used in the graduation theses of the more English-proficient students in the Department of English, it was necessary to construct a corpus of these theses for linguistic interrogation. As the requirement of graduation thesis submission was only for a paper-based copy, it was first necessary to digitise all of the theses. As previously discussed, students in the Department of English are able to choose whether their graduation thesis is written in English or Japanese, and for the construction of the corpus the most suitable large collection of English language paper theses was held by a professor with over 15 years' experience of supervising students' writing of English language graduation theses. 149 theses kept by this professor, from 2000 to 2016, were prepared for compilation into a corpus by first scanning them into digital form using Optical Character Recognition (OCR) software. The digital files were then cleaned by removing (1) personal information, such as name and student number; (2) extraneous text, such as title page, contents page, and appendices; and (3) incorrectly scanned text, including Japanese script (which scanned incorrectly as the OCR software was set to scan only English text). The files were then converted into .txt plain text format which removed images and text formatting, and allowed their processing by text analysis software.

To get an overall sense of the language contained within the corpus, the text files were combined into a single .zip file for uploading to the Sketch Engine corpus analysis software toolkit (Kilgarriff et al., 2014; Kilgarriff, Rychlý, Smrž, & Tugwell, 2004). The Sketch Engine processes the plain text files and not only gives overall statistics of the content of the corpus, but also processes it into a form which allows for the generation of Word Sketches (summaries of the words' grammatical and collocational behaviour), a thesaurus (list of words occurring in a similar context), n-grams (a sequence of linguistic structures showing their relations), and trends (changes in frequency over time). Although these tools were not part of the current research, they allow for future research into specific aspects of the corpus, such as the lexico-grammatical relationships that hold in the students' writing. The individual .txt files were uploaded through the Sketch Engine's online interface and the corpus was compiled automatically using the software's default options of 'English 3. 1 for Treetagger pipeline v2' for the Sketch Grammar that is applied, and the 'English Treetagger PennTB for Terms Extraction 2. 3'. Figure 1 gives the overall statistics of the content of the corpus.

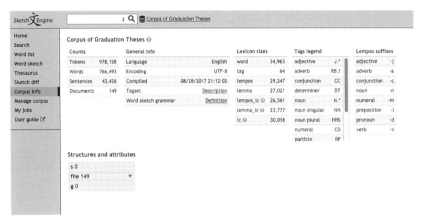

Figure 1. Content details of the Corpus of Graduation Theses of Japanese Learners of English.

As can be seen, the Sketch Engine analyses the corpus of 149 documents as containing 978, 158 tokens, of which 766, 493 are words and the remaining tokens are punctuation marks. For the specific vocabulary profiling of the corpus, a different text analysis tool was chosen: AntWordProfiler (Anthony, 2014). This tool is freeware software which profiles the vocabulary level and complexity of texts. Because of differences in the way in which plain text files are tokenised by different software programs (i. e. the way sequences of characters are converted into sequences of tokens), AntWordProfiler analyses the CUGTJLE as containing 776, 640 words. Figure 2 shows the distribution of tokens in each corpus file. The average number of tokens is shown by the horizontal line through the graph, at 5, 212 tokens. As can be seen, there was a large amount of variation in the number of tokens in each graduation thesis. On closer inspection of each thesis file, it was seen that this was mostly caused not by the main running text of the thesis, but by additional text in tables and charts and in lists of data such as TV program scripts and music lyrics. Although efforts were made at the initial corpus compilation stage to move extraneous text, such as data in appendices, it was felt necessary to still include the text inside the main body of the corpus, to maintain the discourse and structural aspects of each thesis. However, including the text in the vocabulary profiling analysis introduced not only the problem of large variations in the number of tokens in each file, but also the fact that such data is often copied and pasted from outside sources, and therefore is not actually produced by the students themselves. As will be explained later in the findings section, focusing on an analysis of the *range* of the words across all of the individual files of the corpus helps to alleviate these problems.

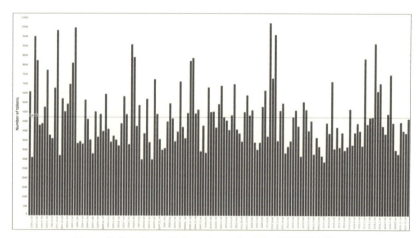

Figure 2. Number of tokens in each of the CUGTJLE files.

第 12 章　Vocabulary Profiling the University Graduation Theses of Japanese Learners of English　243

The next stage of the vocabulary profiling was to prepare a mini version of the BAWE corpus. The original corpus is considered one of the foremost resources of the academic English of university students, although one of its limitations is that it is restricted to academic English produced at British universities. The original corpus contains 2,761 pieces of academic writing produced by undergraduate and postgraduate students across the four areas of arts and humanities, social sciences, life sciences, and physical sciences. The majority of the writings were produced by students with English as their first language, although a significant number were written by students from a large variety of L1 backgrounds, such as Dutch, Chinese Mandarin, Hindi and Swedish. For reasons to be discussed below concerning the size of the corpus, the fact that it includes postgraduate academic writing and writings of English as a Second Language students and its coverage of hard sciences such as physics and chemistry meant that the corpus in its original form was considered not appropriate for direct comparison with the CUGTJLE. Therefore, a mini BAWE corpus was created specifically for this research. There were four main restrictions placed on the content of the corpus: (1) it was to be of a size similar to the CUGTJLE corpus, (2) it was to include only undergraduate writings, (3) it was to include only writings by English L1 students, and (4) it was to include only writings within the discipline areas of (a) the arts and humanities and (b) the social sciences. The reason for reducing the size of the corpus was to allow a fair comparison of the vocabulary profile of each corpus in terms of tokens and their distribution through the corpus. Limiting the corpus to undergraduate writings was because the CUGTJLE corpus also only includes undergraduate level writings. It was also considered appropriate to limit the corpus to the writings of English-as-an-L1 students, because the focus of this particular research was to evaluate the academic writing vocabulary level of the Japanese students against a native-level standard. The level of the English-as-an-L2 students was unclear from the corpus documentation, and for this reason it was considered necessary to separate out the

English-as-an-L1 and English-as-an-L2 written assignments. Future analyses of the CUGTJLE corpus could be made using comparisons with a corpus of only English as an L2 academic writings, which would produce useful additional data on the vocabulary level of the Japanese students. Lastly, the justification for limiting the mini BAWE corpus to the disciplines of the arts and humanities and social sciences is that the graduation theses contained in the CUGTJLE were written on subjects within these soft science disciplines, such as history, language, American studies and sociology, rather than hard science disciplines such as chemistry and engineering. This makes the vocabulary comparison more valid in terms of the academic content of the writings in each corpus.

With the two corpora compiled, each one was uploaded to the AntWord-Profiler and statistics were run on the content. Figure 3 shows the settings which were used for both corpora. Rather than the original General Service List (GSL) and Academic Word List (AWL) wordlists which are the default lists in the software, these were replaced with the updated New General Service List (NGSL) and New Academic Word List (NAWL) (Browne, Culligan, & Phillips, 2013). These new lists represent a significant updating of the original versions, with the addition of a third level of core vocabulary. In the output settings, the default settings were maintained, with the addition of selecting the 'include words in user file (s) but not in level list (s) '. This was done to get specific details of which words were contained in the corpora, but which were not included in the NGSL and NAWL. In the case of the CUGTJLE, the majority of these words were transliterations of Japanese words into English script. The final stage of the analysis was to make a manual comparison of the output of the AntWord vocabulary profile for each of the corpora. The findings are discussed in the next section.

第 12 章 Vocabulary Profiling the University Graduation Theses of Japanese Learners of English   245

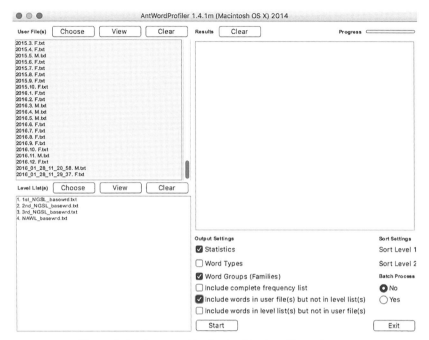

Figure 3. Settings used in the AntWordProfiler software.

Findings

This section describes the findings from the vocabulary profiling of the CUGTJLE and the mini BAWE. As described in the previous section, a vocabulary profile was produced for each corpus using the AntWordProfiler software, which runs statistics on the overall content and vocabulary level of the corpus. Table 1 shows a comparative table of the vocabulary profile data. The software gives details of the tokens, types, and groups (i.e. word families) of the vocabulary in each corpus. Of these three, the data of the tokens is the most valuable statistic in the present research. This is because both corpora contain a huge number of words which are listed as level '0', which means they do not appear in the 3 levels of the NGSL or in the NAWL, and which only have a very limited frequency, most of them appearing only once in the entire corpus. In the case of the

CUGTJLE, this is mainly caused by the transliterations of Japanese words into English script. These low frequency items obscure the data within the 'type' and 'group' categories, taking up a very large overall percentage of the vocabulary items in the corpus. If tokens are examined instead, it is possible to get a clearer sense of at which vocabulary level the vast majority of the words in the corpus are being used. Looking at the token data of the CUGTJLE, 78 % of the words in the corpus have been placed within the first 1, 000 general words of English (i.e. the 1ˢᵗ NGSL). Compared to the mini BAWE, this is around 8 % more of the words being used at the most basic level of English. This immediately suggests that overall, the vocabulary level of the Japanese students is more basic than that of the L1 users of English in the mini BAWE. Whilst this is not surprising, as the vocabulary level of English as a Foreign Language students is expected to be below that of English as a Native Language students, the large percentage difference does suggest that there is an over-reliance on the most basic words of English by the Japanese students.

This finding is confirmed by examination of the percentage of tokens at the second level of the NGSL. Here, the Japanese students are using less higher-level vocabulary than the ENL students. Again, this is expected, but shows that there is an opportunity to focus on bringing Japanese students out of a reliance on basic vocabulary, and up to a stage of more competence with a more advanced level of usage. This tendency is continued at the third level of the NGSL and also with the NAWL, where compared to the ENL students, there is a marked lower percentage of the tokens at these levels. Specifically looking at the NAWL, only 1. 69% of all the 776, 640 tokens in the graduation theses were classified at this level. Whilst the NAWL list does not include every word of English which could be considered 'academic', and many of the words classified in the '0' level are advanced level words such as feminine, abbreviation, politeness, and apology, the high frequency of words in the 1ˢᵗ NGSL level and low level of frequency of words in the NAWL shows an overall pattern of over-reliance on simple, basic

第 12 章 Vocabulary Profiling the University Graduation Theses of Japanese Learners of English 247

vocabulary in the academic writing of the Japanese students.

Table 1. Comparative data of the vocabulary profiles of the CUGTJLE and mini BAWE.

		CUGTJLE			mini BAWE		
LEVEL	FILE	TOKEN	TOKEN%	CUMTOKEN%	TOKEN	TOKEN%	CUMTOKEN%
1	1st_NGSL	608298	78.32	78.32	571674	70.11	70.11
2	2nd_NGSL	42621	5.49	83.81	61485	7.54	77.65
3	3rd_NGSL	15792	2.03	85.84	31344	3.84	81.49
4	NAWL	13156	1.69	87.53	27288	3.35	84.84
0	-	96773	12.46	99.99	123661	15.16	100
TOTAL		776640			815452		
LEVEL	FILE	TYPE	TYPE%	CUMTYPE%	TYPE	TYPE%	CUMTYPE%
1	1st_NGSL	2589	10.33	10.33	2716	8.86	8.86
2	2nd_NGSL	2055	8.2	18.53	2349	7.66	16.52
3	3rd_NGSL	1289	5.14	23.67	1592	5.19	21.71
4	NAWL	1013	4.04	27.71	1596	5.21	26.92
0	-	18115	72.28	99.99	22399	73.08	100
TOTAL		25061			30652		
LEVEL	FILE	GROUP	GROUP%	CUMGROUP%	GROUP	GROUP%	CUMGROUP%
1	1st_NGSL	1000	4.64	4.64	993	3.81	3.81
2	2nd_NGSL	996	4.62	9.26	997	3.82	7.63
3	3rd_NGSL	752	3.49	12.75	779	2.99	10.62
4	NAWL	704	3.26	16.01	912	3.5	14.12
0	-	18115	83.99	100	22399	85.89	100
TOTAL		21567			26080		

Focusing in more depth on the frequency of the words used in the CUGTJLE, and looking specifically at the range of the words across all of the 149 theses, there is more evidence of an over-reliance on basic, core vocabulary. Figures 4 – 8 show data visualisations of how dispersed the tokens are throughout the entire corpus, in terms of how many of the 149 theses contain those words. Each box represents a word family, such as 'become' which contains the forms 'becomes/became/becoming', and the darker the shading, the greater the number of theses which contain the words in the families at that vocabulary level. To save space in the visualisation, not all of the boxes include the actual word-family word. Figure 4 shows the visualisation for NGSL level 1. The dark shading shows that there is a good range of the NGSL level 1 vocabulary across the theses. Moving to Figure 5, it is clear from the much lighter shading that there is a much lower distribution of the NGSL level 2 vocabulary across the theses, compared with the NGSL 1. Indeed, only 5 word families (chapter, introduction, outline, expression, and topic) at this level are shared across more than two thirds (100) of the theses. This effect becomes much more pronounced at NGSL level 3 and NAWL: only 2 families (found and hypothesis) are shared by more than two thirds of the theses at the NGSL level 3 and just 1 family (thesis) at the NAWL level. The Off-List Words visualisation shows the massive number of very low frequency words (in many cases a frequency of 1) which are used in a very restricted number of theses. The principal understanding that can be gained from these visualisations is that much of the vocabulary being used at NGSL level 2 and 3 and the NAWL level is limited to a small number of theses. This gives a much more explicit indication of the over-reliance of basic vocabulary in the graduation theses of the Japanese students, and suggests that overall in the Department, the vocabulary ability of the students is at a low level.

Implications and Conclusion

The findings that have been discussed above give important insights into the vocabulary level of some of the most advanced students in the Department of English at the author's university. Two principal findings have been made through the vocabulary profiling of the graduation theses. Firstly, compared to a corpus of academic writing of ENL students at British universities, there appears to be a general over-reliance on basic, core vocabulary by the Japanese students. Although this is expected, due to English being a foreign language in Japan and

第 12 章　Vocabulary Profiling the University Graduation Theses of Japanese Learners of English　249

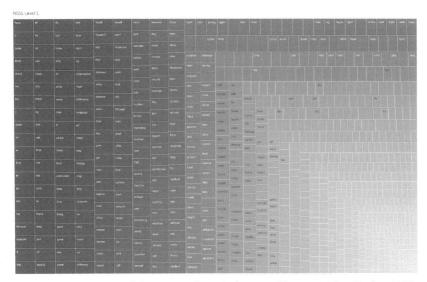

Figure 4. Visualisation of the range of words（grouped into word families）at NGSL level 1

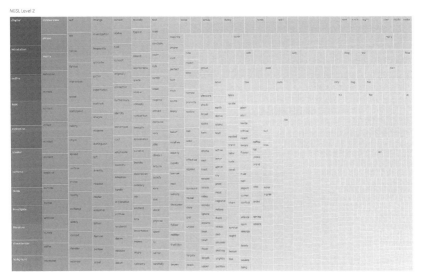

Figure 5. Visualisation of the range of words（grouped into word families）at NGSL level 2.

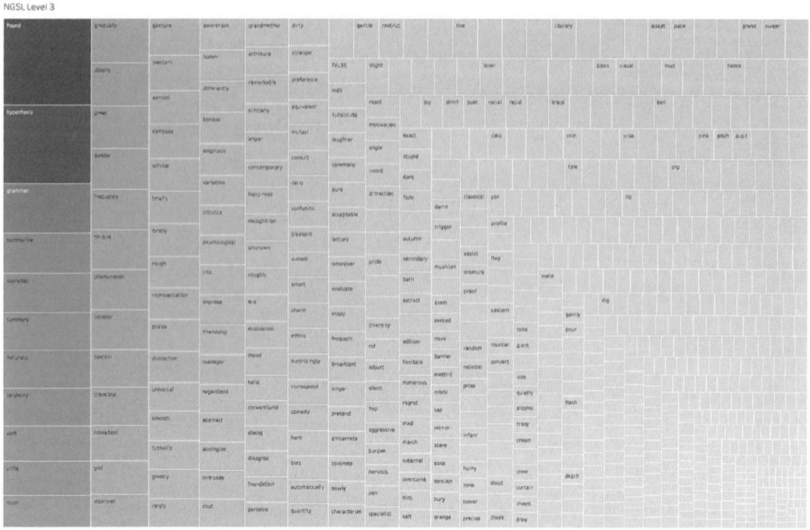

250   Keith Barrs

Figure 6. Visualisation of the range of words (grouped into word families) at NGSL level 3.

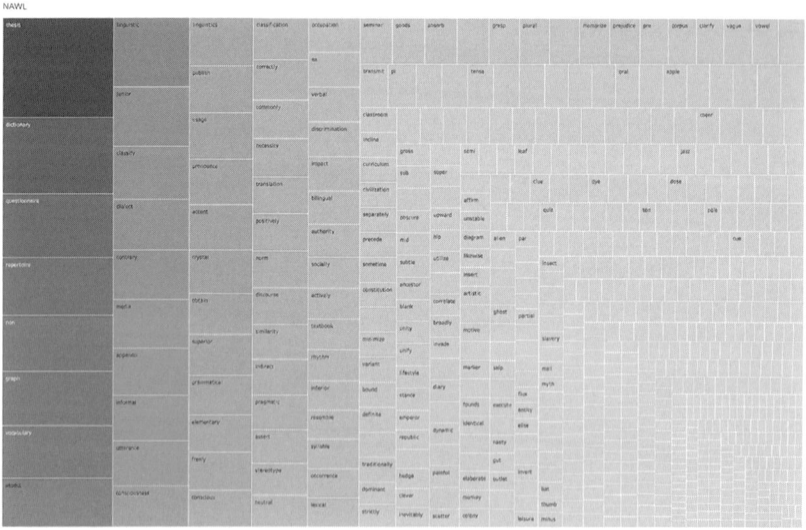

Figure 7. Visualisation of the range of words (grouped into word families) at NAWL level.

第 12 章　Vocabulary Profiling the University Graduation Theses of Japanese Learners of English　251

Figure 8. Visualisation of the range of words (grouped into word families) which were Off-List words.

therefore vocabulary and grammar skills are likely to be lower when compared to university students using the language as an L1, the large percentage gap between the tokens at the first level of the NGSL suggest that the Japanese students are working with a vocabulary level below that which is sufficient for the production of an academic thesis. This is confirmed by the fact that only 1.6% of the tokens in the corpus of graduation theses was categorised as academic vocabulary. Furthermore, an examination of the range of the vocabulary across the individual theses in the corpus shows that when higher-level or academic vocabulary is used, it is only done so by a limited number of the students. Only a very few words within the word families on the NGSL Level 2 and 3 and the NAWL lists are shared across most of the theses, with the overwhelming majority of words at these levels being used by the minority of writers.

　These findings suggested that students in the Department were likely graduating with only a limited and basic productive vocabulary ability, potentially hindering them if they were to be working with English on graduation from the Department. This is of particular concern considering the fact that the findings discussed above are from some of the most English-proficient students in the Department. The overall productive English vocabulary level of the Department students as a whole could be significantly lower than of these advanced students, making the situation more serious in terms of the English vocabulary with which English-major students are graduating.

The findings from this research were immediately used to inform the curriculum development plans and actions of the Department of English, particularly in the writing courses offered to first and second year students, and the research-specialisation classes where students opt to write their thesis in English. In the author's writing class offered in the second year of study in the Department, two major changes were introduced. First of all, an academic essay writing textbook was introduced as the core element of the course curriculum. This textbook has a dual focus of developing students essay structure, along with strengthening their essay-related vocabulary, such as comment adverbs and transition words. The second change was to introduce out-of-class vocabulary study through the use of the Quizlet vocabulary learning application. Sets were made for students to study out of class each week, and this was supported by in-class games and quizzes to review the vocabulary. In the research-specialisation class supervised by the author, Quizlet was similarly introduced as out-of-class vocabulary learning and in-class review, with a particular focus on words from the NAWL list. Students were also given explicit instruction on how the lists could be used for self-study, and links were provided to the raw lists, as well as free applications which used the lists as the core vocabulary base.

References

Anthony, L. (2014). AntWordProfiler (Version 1.4.1) [Computer Software]. Tokyo, Japan: Waseda University. Available from http://www.laurenceanthony.net/

Browne, C., Culligan, B., & Phillips, J. (2013). The New General Service List. Retrieved from http://www.newgeneralservicelist.org.

Berns, M. (2005). Expanding on the expanding circle: Where do WE go from here? *World Englishes, 24*(1), 85–93.

Bruthiaux, P. (2003). Squaring the circles: Issues in modeling English worldwide. *International Journal of Applied Linguistics, 13*(2), 159–178.

Butler, Y. G. (2007). Foreign language education at elementary schools in Japan: Searching for solutions amidst growing diversification. *Current Issues in Language Planning, 8* (2), 129–147.

D'Angelo, J. F. (2005). Educated Japanese English: Expanding oral/aural core vocabulary. *World Englishes, 24*(3), 329–349.

Fishman, J.A., Conrad A.W., & Rubal-Lopez, A. (eds) (1996). Post-imperial English: Status change in former British and American colonies 1940–1990. Berlin & New York: Mouton de Gruyter.

Gottlieb, N. (2008). Japan: Language policy and planning in transition. *Current Issues in Language Planning, 9*(1), 1–68.

Irwin, M. (2011). *Loanwords in Japanese*. Amsterdam: John Benjamins Publishing Company.

Iwasaki, Y. (1994). Englishization of Japanese and acculturation of English to Japanese culture. *World Englishes, 13*, 261–272.

Kilgarriff, A., Baisa, V., Bušta, J., Jakubíček, M., Vojtěch, K., Michelfeit, J., & Suchomel, V. (2014). The Sketch Engine: Ten years on. *Lexicography ASIALEX, 1*, 7–36.

Kilgarriff, A., Rychlý, P., Smrž, P., & Tugwell, D. (2004). The Sketch Engine. In *Proceedings of the Eleventh Euralex International Congress* (pp. 105–116). Lorient, France: Information Technology Research Institute. Retrieved from ftp://ftp.itri.bton.ac.uk/reports/ITRI-04-08.pdf

Mie, A. (2013). LDP takes aim at English education, seeks to boost TOEFL levels. *The Japan Times*. Retrieved from http://www.japantimes.co.jp/news/2013/03/29/national/abe-takes-aim-at-english-education-seeks-to-boost-toefl-levels/#.UXC52bX-Fk8

Seargeant, P. (2005). Globalisation and reconfigured English in Japan. *World Englishes, 24* (3), 309–319. Retrieved from http://oro.open.ac.uk/9792/

Seargeant, P. (2008). Ideologies of English in Japan: the perspective of policy and pedagogy. *Language Policy, 7* (2), 121–142.

Stanlaw, J. (2004). *Japanese English: Language and Culture Contact.* Hong Kong: Hong Kong University Press.

コラム 3

北海学園大学人文学部英米文化学科の取り組み

田中洋也

1．カリキュラム改訂の背景

　北海学園大学は、1885 年創設の北海英語学校（現、北海高校）を母体として設立された、北海道では最も古い私立総合大学である。文系 4 学部（法学部、経済学部、経営学部、人文学部）と理系 1 学部（工学部）の計 5 学部、1 部（昼間）、2 部（夜間）から成り、学部と大学院を合わせると学生在籍数は 8,000 名を超える。入学者の大多数は北海道内出身であり、卒業後に関しても学生の地元志向は強い。北海道の企業経営者総数に占める北海学園大学出身者数は最も多く、あらゆる意味で地域に根ざした大学と言える。

　こうした背景のもと、人文学部は、「北の大地における新しい人文学の創成」を目指して 1993 年に文系第 3 番目の学部として創設された。1 部、2 部ともに日本文化学科、英米文化学科の 2 学科から成り、英米文化学科の定員数は、1 部英米文化学科 95 名、2 部英米文化学科 30 名、1 学年あたり計 125 名であり、他学部と比較して少人数教育を重視している。英米文化学科のディプロマ・ポリシーは下記の 5 つの点に集約されている。

- ● 　英米文化についての専門知識に裏づけられた知的洞察力
- ● 　豊かな人間性と社会性を支える幅広い教養
- ● 　多様な文化を研究する専門知識と技法
- ● 　多文化共生社会の実現に必要とされる英語による高度なコミュニケー

ション能力
● 未来を切り拓く創造的な思考力と行動力

　ディプロマ・ポリシーに見られるように、知識・教養を身につけるための、あるいは身につけた知識・教養をもとに行動するための高度な英語コミュニケシーション能力の養成は、英米文化学科における重点課題である。それとともに、学科としては、北海道内の他の私立大学の同様学部、学科に遅れて創設されたこと、近年のいわゆる 18 歳人口の減少傾向からも、入学志願者数の確保も重要な課題である。また、北海道は、海に囲まれていることもあり、地元進学志向が強いと言われているが、国内の他地域に比べると国公立大学の数も多く、教育内容の充実、卒業後の進路の保証を以って、一定の競争力を確保することは、学部、学科の存続を維持する上での課題となっている。このような背景のもと、人文学部では、2012 年度よりアドミッションポリシー、カリキュラムポリシー、ディプロマ・ポリシーの 3 ポリシーの見直しとカリキュラム改訂に着手し、2014 年度より新しいカリキュラムでの教育が始まった。

2.　英米文化学科英語科目のカリキュラム改訂

　2013 年度以前のカリキュラム（以下、旧カリキュラム）には、学生の英語コミュニケーション能力育成の課題解決上、いくつかの課題があった。代表的なものとしては、(1) 英語習熟度別クラス編成のため、同一科目間での教育内容に統一性が欠けること、(2) 英語母語話者教員のみが担当するため、専門科目の文献読解で必要とされる英語、日本語の翻訳、精読の技術の養成が難しいこと、(3) 留学プログラムが他大学と比較して選択肢が少ないこと、(4) 各学年で英語力の指標として受験を奨励している外部英語試験 (TOEIC) を扱う科目が上級年次でしか開講されていないことなどである。また、学科は、いわゆる「英文科」ではなく、「英米文化学科」であり、専門科目の充実、その履修を促進するために、英語科目の必修単位数が 1 年

次、各学期4科目、計8単位のみであった。そのため、学科学生全員に一定の英語力を保証するカリキュラムなっていなかったことも旧カリキュラムの課題であった。

これらの課題解決のために、学部カリキュラム委員会の要請を受けて、担当部署である学部英語教育委員会においてカリキュラム改訂のための議論が重ねられた。その結果、(1) 英語科目の「多様化」と「集中化」、(2) 英語科目間、および関連科目との「連携強化」、(3) 科目に基盤を置く「学生支援方法の構築」の3つの方策が立てられた。

3. カリキュラムのねらいと概要

前節の方針のもとに、設計された英語科目、および関連科目カリキュラム体系図を下記に示す。

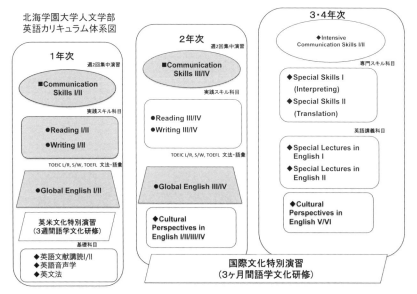

図1．北海学園大学人文学部英語カリキュラム体系図（2014年度版）
※背景色が灰色のものは必修科目

3.1 集中化：コミュニケーション・スキル科目、リーディング・ラ イティング科目

　旧カリキュラムでは、オーラル・コミュニケーション系の科目は、「リスニング」、「スピーキング」と技能別に展開しており、1年次を除いては選択科目として設定していた。新しいカリキュラムでは、これを「Communication Skills」という科目名で、同じ担当者が週に2回の授業を行い、1・2年次ともに必修科目とすることで「集中化」を実現した。また、この科目の担当者が、学生の英語学習のアドバイザーとなるイングリッシュ・アドバイザリー制度を設け、当該科目以外の英語学習のサポートや学生の相談窓口としての業務を行うこととした。いずれの科目も、統一カリキュラムの中で設定されたタスクやプロジェクト調査に基づくプレゼンテーション課題を設定し、口頭スキルを中心としながらも、読み書きを含めた4技能統合型の授業となっている。また、3年次には、選択科目ではあるが、さらに高度な内容に踏み込んだタスクやプロジェクト調査を行う「Intensive Communication Skills」科目を設定した。

　読み、書きの能力を集中的に養成する科目としては、1年次にはReading I/II、Writing I/II をそれぞれ必修科目として、さらに2年次には、Reading III/IV、Writing III/IV をそれぞれ選択科目として設定した。Reading 科目は、共通教科書を用いてリーディング・ストラテジーの学習を含め、語彙・文法知識の修得も重視する「精読（intensive reading）」による学習と読みの流暢さを高めるための「多読（extensive reading）」による学習を組み合わせて展開している。多読は、学生による協同学習を行うリーディング・サークルでの指導を経た後は、大学附属図書館に備えられた多読用読本（graded readers）から学生が自由に選書、読書の後に Learning Management System（LMS）のモジュールとして設定された Moodle Reader のテストを受けることで学習記録を管理している。学生は、Moodle Reader を用いることで、自分が学期中に読んだ本の総語数、冊数を確認し、課題として課せられている語数まで到達することが求められている。

　一方、書く技術の修得を目標とした Writing 科目では、学術的な文脈で用

いられるジャンルを設定したライティング活動（例、比較と対照、意見、問題と解決、原因と結果）に取り組むとともに、ビジネス場面での文書作成、eメール・ライティングにも取り組む。これらを1年次から2年次にかけて段階的に語数、段落数などを増やし、総合的なライティング能力の向上を目指している。

3.2　多様化：ビジネス・コミュニケーション科目、翻訳・通訳入門科目、講義科目

1、2年次の必修科目として英語ビジネス・コミュニケーション科目、Global English I – IV を設定した。この科目は、TOEIC Ⓡ Listening & Reading Test でも必要とされる英語の知識、運用能力の養成を中心に、TOEIC Speaking & Writing Test も視野に入れている。授業は、教科書や共通教材を用いた対面指導とオンライン教材やLMS上で行う共通語彙テストによるeラーニングからなるブレンディッド・ラーニングにより構成されている。また、科目の指導として、学生に原則として年に2回のTOEIC Listening & Reading Test の受験を奨励し、定期的な学力の把握と習熟度の向上に努めている。

さらに3年次以降では、より多様な形態の科目も準備した。旧カリキュラムでは、通訳・翻訳の科目は設定されていなかったが、学生の将来のキャリア向上のニーズも踏まえ、通訳・翻訳の入門科目を Special Skills I/II として設置した。また、留学のニーズも踏まえ、英語力の向上だけではなく、英語で講義を受けるためのノートテイキング技術、リスニング技術などのアカデミック・スキル向上を目的に、英語講義科目 Special Lectures in English I/II を設置した。これらの科目では、文学、文化人類学、応用言語学、歴史、宗教、思想など英米文化学科の専門科目として学ぶ内容をモジュール形式のオムニバス授業として展開し、学科専門教育との連携を深めている。

3.3　異文化理解・多文化共生能力

上記の科目の他に、2年次以上の科目として文化理解の知識、異文化理解

能力を養成する科目として Cultural Perspectives（CPE）I – VI を設置した。特に、CPE I は中学・高等学校英語教職の「異文化理解」に関わる必修科目としても設定されている。この科目では、英語教育と異文化理解の連携をテーマとして教師により提示されたテーマに基づき、学生が主体的に調査、発表、ディベートを通してテーマへの理解を深めて行くことを目的としている。その他の CPE 科目も言語と文化、ジェンダー、移民問題など多文化共生社会で重要となるテーマを取り扱うことで、学生が自分自身で、より良き世界市民として重要な異文化・多文化理解を探求できるよう配慮されている。

3.4　関連科目との「連携強化」

　前節までの科目は、いずれも学科専門英語科目としての設定であるが、これらと伴って英語力を養成できるよう英語に関連したその他の専門科目についても整理を行い、カリキュラムに位置付けた。より明示的に文法意識を高め、基礎的な知識を定着させる科目としては、1 年次に「英文法」（選択・教職課程必修）を設置し、オンライン教材を整備し、自立学習も促している。また、「英語音声学」（選択・教職課程必修）では、調音音声学の基礎をテキストで学ぶことと LMS の音声学習モジュールを独自に開発し、学生が発音に関する相互評価を行いながら体験的にも学習できるようになっている。また、学部専門英語科目の Reading I-IV は英語母語話者教員により、英語を媒介語として指導されているが、翻訳技術、学部専門内容（例、文学、言語学）に関連した精読技術を身につけられるよう、現代的テキストの講読を行う「英語文献講読」（選択）を設定した。これらの関連科目との連携により、従来の課題であった母語知識とも連携した英語能力の強化を図っている。

　北海学園大学では、海外の提携校が比較的に少なく、語学・文化研修科目の充実は大きな課題であった。そのため、新しいカリキュラムでは、演習科目の充実を図った。旧カリキュラムでは、2 年次以降に参加できる 3 週間の海外演習科目が 1 種類であったところを、新しいカリキュラムでは 1 年次から参加できる 3 週間プログラム（英米文化特別演習）、2 年次から参加できる 14 週間プログラム（国際文化特別演習）の 2 種類を設置した。これを大学

全体として実施している留学プログラムと組み合わせることで、場合によっては、4年間の在学期間中に卒業を延期することなく最大14ヶ月程度をカナダにある提携校での留学で過ごすことが可能となった。14週間プログラムでも、12単位程度の単位読み替えを行うことで卒業期間を延長することなく修学することが可能となっている。

3.5 「学生支援方法」の構築

　3つ目の方策である、科目を基盤とする「学生支援方法の構築」にもいくつかの具体策を設定した。学生への直接支援としては、先述のCommunication Skills科目におけるイングリッシュ・アドバイザリー制度により、定期的に個別に学生に助言する機会を設けている。また、学生が自由に英語を用いてコミュニケーション活動ができる学内スペース、イングリッシュ・ラウンジを設置した。イングリッシュ・ラウンジでは、学生が自主的に企画する活動を促進している。また、イングリッシュ・ラウンジで専任教員が主宰する昼休みの英会話活動、イングリッシュ・ラウンジ・チャット（週2回）を設定し、英語に触れる機会を増やしている。

　上記の人的資源を用いた学生支援以外には、情報通信技術（ICT）を用いて、科目と連携した自律学習の支援を行なっている。Reading科目の多読教材学習モジュール（Moodle Reader）、ビジネス・コミュニケーション科目の総合英語学習教材 Practical English 7（Reallyenglish 社）、英語音声学での発音相互評価システム P-Check などがその例である。このように、学生の支援は、人的資源を最大限に活かしつつも、その限界を ICT の活用など、他の資源を用いることで補っている。

4. 今後の課題

　本稿執筆時点で、カリキュラム改訂を行なってから4年が経過しようとしている。英語科目の運営を担当する学部英語教育委員会では、カリキュラム運用開始当初より、学期毎に授業担当者向けのレポートを作成し、カリ

キュラム運営上の共通理解を深めるよう努めている。レポートでは、各科目、各担当者による成績の概況などの情報を提示している。共通カリキュラムのもと、同一の教材、評価方法を取ることで、科目横断的な教育の質の維持、向上にも一定の成果を挙げている。しかし、さらなる教育の質の向上に向けて、継続的にカリキュラムやその実施状況の評価が不可欠である。2017年度時点でも、科目での指導内容の見直し、受講年次の変更など、規模は大きくないものの、カリキュラムの見直しを行なっている。今後も、経年的な学力の変化、学生・学部・大学・社会のニーズを分析、検討しながらカリキュラムとその運用の評価を継続することが課題となる。

あとがき

　本書は2014年度から3年間にわたって実施された広島修道大学ひろみらセンター重点領域研究「地域に貢献する英語プロフェッショナル人材の育成に向けて」の成果報告である。

　研究プロジェクトのメンバーはそれぞれの経験、（英語）教育観、大学観などに時に束縛され、また時にはそれらから自由になりながら、広島という地方都市の中堅私立大学の英語英文学科として学生たちにどのような授業を提供すべきかを考え、試行錯誤を続けてきた。本書はその一端を紹介するものだが、データや授業方法など「生々しい」ものも含めてできる限り開示するように努めた。それは「まえがき」にも書かれているように、各大学の方々とこのような「事例を蓄積し、共有」することで今後への有益な指針が見つけられるのではないかと考えたからである。その意味で、本書が大学英語教育を検討するための「叩き台」となり、活発な議論を喚起することができれば、編者のひとりとしてそれ以上の喜びはない。

　同僚諸氏との世代や研究分野を超えた議論に刺激を受け、それが授業改善につながることはしばしばあるが、他大学の考え方や実践例にも学ぶべき点は多い。そこでプロジェクトでは他大学から講師をお招きして知見を伺う機会を設けた。北海学園大学の田中洋也氏、神田外語大学の柴原智幸氏、関西大学の山西博之氏によるご講演はたいへん示唆に富む内容で、夕食時の意見交換も楽しく有意義なものとなった。

　田中氏には同じ英語系学科の比較事例として、柴原氏には通訳・翻訳プログラムの先進事例として本書へのご寄稿をお願いし、「コラム」として掲載させていただいた。ここに深く感謝申し上げる次第である。

　通訳・翻訳プログラムの立ち上げにおいて、広島市に本社を置き、翻訳・通訳を中心とした言語サービスを展開しておられる「（株）アビリティ・イ

ンタービジネス・ソリューションズ」のご協力を得て、ビジネス翻訳の授業を担当していただけることになったのは幸運であった。アビリティ社のご理解とご協力に対して改めて感謝申し上げたい。高橋洋之氏と岸本晃治氏による授業は、実際にビジネスの現場で求められている翻訳作業を踏まえてのものであり、本書へのご寄稿はもとより、平素からこのような授業を提供してくださっていることに心からの謝意を表したい。

　今回の研究プロジェクトが円滑に運営され、こうして成果発表にまで至ることができたのは、すべて大澤真也氏の尽力によるものである。あえてここに記して感謝の意を伝えたい。

　最後になるが、本書を出版する機会を与えてくださったひつじ書房の森脇尊志氏にお礼を申し上げたい。大学の英語系学科における現状と方向性を見出すための努力の一端が本書によって多くの人に伝わり、少しでも議論が喚起されんことを願ってやまない。

2018 年 9 月 1 日
市川薫

執筆者紹介　※五十音順（*は編者）

石井善洋（いしい　よしひろ）
広島修道大学人文学部教授
主な論文：「サミュエル・ジョンソンの思想：その分析と再構成―希望について―」
（広島修大論集 41、2000）、「サミュエル・ジョンソンの思想：その分析と再構成
―信仰について―」（広島修大論集 43、2002）

石塚浩之（いしづか　ひろゆき）
広島修道大学人文学部教授
主な著書・論文：「同時通訳における概念骨格―心的表示の持続性と流動性について」（通訳翻訳研究 16、2016）、『ビジネスパーソンのための英語発信力強化演習
―通訳訓練法でプレゼンテーションを成功させる』（理論社、2016）

市川薫（いちかわ　かおる）*
広島修道大学人文学部教授
主な著書・訳書：『架空の国に起きる不思議な戦争―戦場と傷とともに生きる兵士
たち』（共編著、開文社、2017）、『ジャマイカの恋人たち―アントニー・トロロー
プ短篇集 III』（共訳、鷹書房弓プレス、2018）

大澤真也（おおざわ　しんや）*
広島修道大学人文学部教授
主な著書・論文：『e ラーニングは教育を変えるか―Moodle をはじめとした LMS
の導入から評価まで』（共編著、海文堂、2015）、"A cross-sectional survey on
Japanese English-major university students' confidence in the TOEIC can-do list"
（*TESL-EJ*, 21(4), 2018）

岸本晃治（きしもと こうじ）

株式会社アビリティ・インタービジネス・ソリューションズ部長

翻訳部門の責任者の傍ら広島修道大学のゲスト講師も務める。主な翻訳実績には音楽制作ソフトウェアのローカライズのほか、IT、機械、自動車、ビジネス分野の製品マニュアルやマーケティング文書の翻訳がある。

柴原智幸（しばはら ともゆき）

神田外語大学専任講師

主な著書：『リスニング・プロ』（アルク、2014）、『攻略！英語リスニング─徹底シャドウイングでマスター！長文リスニング』（NHK出版、2014）

高橋洋之（たかはし ひろゆき）

個人翻訳者、広島修道大学非常勤講師

フリーランス翻訳者として独立以降、IT系を中心に、製品マニュアルやマーケティング文書、契約書など、国内外のべ数百社の日英／英日翻訳を手掛けている。

竹井光子（たけい みつこ）

広島修道大学国際コミュニティ学部教授

主な論文："When do you use pronouns?: An entity coherence approach" (*Proceedings of the 47th Annual Meeting of the British Association for Applied Linguistics,* 2015)、「国際共修カリキュラム（相手言語接触場面）における母語話者の意識と役割」(*CAJLE 2018 Conference Proceedings*, 2018)

田中洋也（たなか ひろや）

北海学園大学教授

主な著書・論文：「電子ポートフォリオ連携型英語語彙学習アプリの開発と可能性─学習者の目標と実態に合わせた学習支援を目指して」（『ESP語彙研究の地平』（2018、金星堂）、"An e-portfolio to enhance sustainable vocabulary learning in English" (*The EuroCALL Review,* 23, 2015)

戸出朋子（とで ともこ）

広島修道大学人文学部教授

主な論文："Schematization and sentence processing by foreign language learners: A reading-time experiment and a stimulated-recall analysis" (*International Review of Applied Linguistics in Language Teaching*, 50, 2012), "Exemplar-based instructed second language development and classroom experience"（共著, *ITL-International Journal of Applied Linguistics*, 167, 2016）

中西大輔（なかにし だいすけ）

広島修道大学健康科学部教授

主な著書・論文：『あなたの知らない心理学―大学で学ぶ心理学入門』（共編著、ナカニシヤ出版、2015）、「集団間葛藤時における内集団協力と頻度依存傾向―少数派同調を導入した進化シミュレーションによる思考実験」（共著、社会心理学研究 31(3)、2016）

Barrs, Keith（バーズ キース）

広島修道大学人文学部准教授

主な著書・論文："Fostering computer-mediated L2 interaction beyond the classroom" (*Language Learning & Technology,* 16(1), 2012); "Errors in the use of English in the Japanese linguistic landscape" (*English Today*, 31(4), 2015)

福元広二（ふくもと ひろじ）

広島修道大学商学部教授

主な著書・論文：「初期近代英語期における仮定法の衰退とI think の文法化」（『歴史語用論の世界』、ひつじ書房、2014）、「Shakespeare の英語」（『英語教師のための英語史』開拓社、2018）

水野和穂（みずの かずほ）

広島修道大学人文学部教授

主な論文：「後期近代英語における単純形副詞と -ly 副詞の交替」（『英語青年』、2008）、"Properties of English prose in the eighteenth century" (*Studies in middle and modern English: Historical variation*, Kaitakusha, 2017)

Ronald, James（ロナルド ジェームス）

広島修道大学人文学部教授

主な著書・論文：“Repeated L2 reading with and without a dictionary” (*Lexical processing in second language learners: Papers and perspectives in honour of Paul Meara*, 2009), Pragtivities: Bringing pragmatics to second language classrooms. (*JALT Pragmatics SIG*, 2012)

広島修道大学学術選書 72

地方私立大学の英語教育への挑戦
—地域で活躍できるプロフェッショナル人材の育成を目指して

Challenges in English Education at a Local Private Japanese University:
Towards the Fostering of Active Professionals in the Local Work Environment
Edited by Ozawa Shinya and Ichikawa Kaoru

発行	2019 年 2 月 1 日　初版 1 刷
定価	3400 円＋税
編者	ⓒ 大澤真也・市川薫
発行者	松本功
装丁者	HTM
印刷・製本所	亜細亜印刷株式会社
発行所	株式会社 ひつじ書房
	〒 112-0011 東京都文京区千石 2-1-2　大和ビル 2 階
	Tel.03-5319-4916　Fax.03-5319-4917
	郵便振替 00120-8-142852
	toiawase@hituzi.co.jp　http://www.hituzi.co.jp/

ISBN978-4-89476-956-4

造本には充分注意しておりますが、落丁・乱丁などがございましたら、
小社かお買上げ書店にておとりかえいたします。ご意見、ご感想など、
小社までお寄せ下されば幸いです。

—— 刊 行 案 内 ——

史上最悪の英語政策

ウソだらけの「4技能」看板

阿部公彦著　定価 1,300 円＋税

技能を統合した英語学習のすすめ

小学校・中学校・高等学校での工夫と留意

中森誉之著　定価 2,400 円＋税

脱文法　100 トピック実践英語トレーニング

中山誠一・Jacob Schnickel・Juergen Bulach・山内博之著

定価 1,600 円＋税